A Justiça e o Direito

A Justiça e o Direito

Alfredo Santiago Culleton
Fernanda Frizzo Bragato

FILOSOFIAS: O PRAZER DO PENSAR
Coleção dirigida por
Marilena Chaui e Juvenal Savian Filho

wmf **martinsfontes**
São Paulo 2015

Copyright © 2015, Editora WMF Martins Fontes Ltda.,
São Paulo, para a presente edição.

1ª edição 2015

Edição de texto
Juvenal Savian Filho
Acompanhamento editorial
Helena Guimarães Bittencourt
Revisões gráficas
Letícia Braun, Marisa Rosa Teixeira
Edição de arte
Katia Harumi Terasaka
Produção gráfica
Geraldo Alves
Paginação
Moacir Katsumi Matsusaki

Dados Internacionais de Catalogação na Publicação (CIP)
(Câmara Brasileira do Livro, SP, Brasil)

Culleton, Alfredo Santiago
A Justiça e o Direito / Alfredo Santiago Culleton, Fernanda Frizzo Bragato. – São Paulo : Editora WMF Martins Fontes, 2015. – (Filosofias : o prazer do pensar / dirigida por Marilena Chaui e Juvenal Savian Filho)

ISBN 978-85-7827-926-4

1. Direito 2. Filosofia 3. Justiça (Filosofia) I. Bragato, Fernanda Frizzo II. Chaui, Marilena. III. Savian Filho, Juvenal. IV. Título. V. Série.

14-13324 CDD-100

Índices para catálogo sistemático:
1. Justiça e direito : Conceitos : Filosofia 100
1. Direito e justiça : Conceitos : Filosofia 100

Todos os direitos desta edição reservados à
Editora WMF Martins Fontes Ltda.
Rua Prof. Laerte Ramos de Carvalho, 133 01325-030 São Paulo SP Brasil
Tel. (11) 3293-8150 Fax (11) 3101-1042
e-mail: info@wmfmartinsfontes.com.br http://www.wmfmartinsfontes.com.br

SUMÁRIO

Apresentação • 7
Introdução • 9

1 A Justiça e o Direito como temas filosóficos • 13
2 A tradição aristotélica: Justiça, Direito, virtude e fins • 25
3 A Modernidade e a Atualidade: separação entre Justiça e Direito • 40
4 Razão e critérios • 68
5 Conclusão • 75

Ouvindo os textos • 79
Exercitando a reflexão • 95
Dicas de viagem • 100
Leituras recomendadas • 103

APRESENTAÇÃO
Marilena Chaui e Juvenal Savian Filho

O exercício do pensamento é algo muito prazeroso, e é com essa convicção que convidamos você a viajar conosco pelas reflexões de cada um dos volumes da coleção *Filosofias: o prazer do pensar*.

Atualmente, fala-se sempre que os exercícios físicos dão muito prazer. Quando o corpo está bem treinado, ele não apenas se sente bem com os exercícios, mas tem necessidade de continuar a repeti-los sempre. Nossa experiência é a mesma com o pensamento: uma vez habituados a refletir, nossa mente tem prazer em exercitar-se e quer expandir-se sempre mais. E com a vantagem de que o pensamento não é apenas uma atividade mental, mas envolve também o corpo. É o ser humano inteiro que reflete e tem o prazer do pensamento!

Essa é a experiência que desejamos partilhar com nossos leitores. Cada um dos volumes desta coleção foi concebido para auxiliá-lo a exercitar o seu pensar. Os temas foram cuidadosamente selecionados para abordar os tópicos mais importantes da reflexão filosófica atual, sempre conectados com a história do pensamento.

Assim, a coleção destina-se tanto àqueles que desejam iniciar-se nos caminhos das diferentes filosofias como àqueles que já estão habituados a eles e querem continuar o exercício da reflexão. E falamos de "filosofias", no plural, pois não há apenas uma forma de pensamento. Pelo contrário, há um caleidoscópio de cores filosóficas muito diferentes e intensas.

Ao mesmo tempo, esses volumes são também um material rico para o uso de professores e estudantes de Filosofia, pois estão inteiramente de acordo com as orientações curriculares do Ministério da Educação para o Ensino Médio e com as expectativas dos cursos básicos de Filosofia para as faculdades brasileiras. Os autores são especialistas reconhecidos em suas áreas, criativos e perspicazes, inteiramente preparados para os objetivos dessa viagem pelo país multifacetado das filosofias.

Seja bem-vindo e boa viagem!

INTRODUÇÃO

Parece que a Justiça e o Direito têm trazido para o mundo mais problemas que soluções. Em nome da Justiça tem havido guerras, revoltas e assassinatos. Já se pensou até em transformá-la em algo mais objetivo, como um sistema de normas que pudessem ser aplicadas com competência, independentemente de interpretações.

A maneira como a Justiça é representada permite que nos aproximemos do que ela significa em nosso imaginário social. Muito frequentemente, ela é simbolizada por uma mulher de olhos vendados, segurando uma balança de dois pratos. Algumas vezes, ela porta também uma espada; outras vezes, um martelo de madeira.

A imagem da mulher pode ser entendida como uma referência ao caráter de virtude que é associado à Justiça; os olhos vendados aludem à necessária imparcialidade que ela exige; a balança de dois pratos faz pensar em partes em equilíbrio e nas quais se pesam e avaliam pessoas, coisas e situações. A espada indica que a Justiça corta e fere; é símbolo de poder. O martelo de madeira com certeza não serve para pregar, mas, quando golpeado sobre outra madeira, chama à ordem. Dessas imagens extraímos as ideias de virtude, equilíbrio, ponderação, poder e ordem; são palavras que nos dão boas pistas do que seja a Justiça.

Quanto ao Direito, não temos exatamente um símbolo para ele, assim como temos para a Justiça. Mas há uma frase inscrita em grande parte dos Fóruns ou Tribunais de Justiça pelo mundo e que pode nos dar certa imagem do Direito. Ela é atribuída ao filósofo romano Cícero (106-43 a.C.) e costuma ser registrada em latim: *Summum ius summa injuria.* É muito difícil traduzi-la diretamente. Uma opção seria: "Um Direito perfeito seria a máxima injustiça." O sentido da frase é o de que uma tentativa de aplicar perfeitamente o Direito ou de fazer justiça perfeitamente pode ser uma prática excessiva e produzir o contrário do que se busca, ou seja, pode produzir grande injustiça. Seria possível traduzir mesmo por: "Uma justiça excessiva é a máxima injustiça."

Esse ditado romano servia para contrabalançar outro ditado: *Dura lex sed lex*, quer dizer, "a lei é dura, mas é lei". Se essa segunda frase fosse levada sempre a sério, sem a menor possibilidade de questionar se a lei é boa ou ruim, adequada ou inadequada, muitas injustiças poderiam ser cometidas em nome da lei. O ideal, então, é equilibrar o *dura lex sed lex* com o *summum ius summa injuria*. Isso nos permite perguntar, neste início de livro: para ser justo basta aplicar a lei? A Justiça significa simplesmente praticar o Direito?

Também podemos entender os limites da relação entre a Justiça e o Direito por um contraponto com o Amor: pode-se pensar em justiça e injustiça no universo do Amor? A Justiça e o Direito deixam de fazer sentido lá onde reina o Amor? É possível ser justo e amoroso ao mesmo tempo?

Com essas questões em mente é que pretendemos, nesta obra, tratar de Justiça e Direito na medida da nossa humanidade.

1. A Justiça e o Direito como temas filosóficos

Para introduzir o tratamento filosófico do tema da Justiça, podemos tomar como base um dos textos em que pela primeira vez ele aparece. Trata-se da clássica tragédia ou peça teatral chamada *Antígona*, de Sófocles (496-406 a.C.). Seu epicentro é o debate sobre o que é a Justiça, antes mesmo de sua sistematização na obra de Platão (428-348 a.C.) e de Aristóteles (384-322 a.C.). A cultura jurídica ocidental deita as suas raízes no questionamento perene, desenvolvido desde a Grécia Clássica, sobre a temática central da peça do teatrólogo grego, qual seja, a legitimidade das leis como condição para o estabelecimento de uma ordem justa, por meio de um sistema jurídico propriamente humano e legítimo.

A dramaticidade que envolve a vida e a morte de Antígona, personagem principal da peça de Sófocles, serviu para suscitar, desde a sua apresentação na Grécia

Clássica, indagações sobre temas fundamentais da consciência ética, política, social e jurídica da cultura do Ocidente. Filha de Édipo e Jocasta, irmã de Etéocles, Polinices e Ismênia, Antígona representa para muitos o símbolo da resistência ao poder absoluto e a afirmação de direitos que antecedem à própria lei positiva. A *Antígona* de Sófocles simboliza no imaginário político universal a resistência ao poder. Essa resistência não reside, entretanto, na revolta pela revolta, mas surge como um remédio último quando todas as outras saídas jurídicas e políticas tenham sido fechadas.

Os acontecimentos desenrolam-se a partir da derrota das tropas de Argos, diante das portas de Tebas. Durante a batalha final, em que as tropas invasoras são derrotadas, defrontam-se, comandando tropas inimigas, os dois irmãos de Antígona, Polinices e Etéocles. O primeiro convencera o rei de Argos, Adrastinis, a invadir Tebas, onde o seu irmão Etéocles o tinha afastado do poder. A batalha final travou-se em frente das sete portas da cidade de Tebas, sendo as tropas comandadas por sete guerreiros famosos de ambos os exércitos. A última porta a repelir o ataque invasor foi atacada por Polinices e defendida por seu irmão, Etéocles. Ambos os contendores acabam morrendo. Creonte, rei de Tebas e tio de Antígona, determina que aquele último seja sepultado como herói para ser "honrado entre os mortos". Polinices, por sua vez, tendo em vista o seu ato de traição, deveria permanecer insepulto. Creonte determina igualmente que a desobediência à sua ordem seja punida com a morte por apedrejamento.

Nesse contexto, além da morte de seus irmãos, Antígona vê-se diante de uma indagação que irá perpassar toda a tragédia e constitui-se num questionamento fundacional da reflexão ética e filosófica do Ocidente: a ordem legal de deixar insepulto um de seus irmãos deverá ser obedecida? Essa ordem é legítima, mesmo tendo sido decretada pelo poder legal representado, ou seja, Creonte, que vai contra a obrigação de sepultar os familiares? Na primeira fala da peça, Antígona antecipa à sua irmã Ismênia o drama que irá levá-la a contestar a ordem de seu tio e monarca: "E agora, essa proclamação que nosso comandante lançou a toda Tebas. Que sabes dela? Ouviste alguma coisa? Ou ignoras que os que amamos vão ser tratados como inimigos? [...] Vieram me dizer – o edital do rei proclama que ninguém poderá enterrá-lo, nem sequer lamentá-lo, para que, sem luto ou sepultura, seja banquete fácil para abutres. Esse é o edital que o bom Creonte preparou para ti e para mim... Sua decisão é fria e ameaça quem a desrespeitar com a lapidação, morte a pedradas" (Sófocles. *Antígona*. Trad. Millôr Fernandes. São Paulo: Paz e Terra, 2005, p. 4).

O pensamento de Antígona pode ser resumido na seguinte pergunta: em que medida somos obrigados a obedecer a uma lei que viole a nossa consciência? Trata-se de uma tensão entre o dever político e a obediência a uma lei injusta. Esse é o primeiro tema relativo aos valores morais fundantes da vida em sociedade.

Antígona, na verdade, vê-se diante de um impasse: ou obedece à lei de Creonte, mas vai contra o costume de enterrar seu irmão, ou obedece ao costume de enterrar as pessoas amadas, dando-lhes um fim respeitável, e contraria a lei de Creonte, expondo-se ao risco do apedrejamento. Antígona tende a desobedecer a Creonte e a dar sepultura a seu irmão. Creonte não lhe reconhecerá motivo de escusa ou de justificação, nem circunstâncias atenuantes, recusando-lhe o indulto. Antígona e Creonte, assim, não conseguirão se entender sobre a hierarquia dos direitos aplicáveis. Hêmon, filho de Creonte e noivo de Antígona, convida o pai a rediscutir a orientação de sua política, mas Creonte recusa qualquer questionamento.

Diz Creonte: "Já é do conhecimento de todos que os dois rebentos másculos da estirpe de Édipo caíram na batalha, cada um maculado pelo sangue do outro, cabendo a mim agora sentar no trono e assumir todos os seus poderes como parente mais próximo dos mortos. [...] Etéocles, que morreu defendendo a cidade, deverá ser sepultado com todas as pompas militares dedicadas ao culto dos heróis. Mas seu irmão, Polinices, amigo do inimigo que nos atacava, Polinices que voltou do exílio jurando destruir a ferro e fogo a terra onde nascera e conduzir seu próprio povo à escravidão, esse ficará como os que lutavam a seu lado, cara ao sol, sem sepultura. Ninguém poderá enterrá-lo, velar-lhe o corpo, chorar por ele, prestar-lhe enfim qualquer atenção póstuma. Que fique exposto à voracidade dos cães e dos abutres, se é que esses quererão se alimentar em sua carcaça odienta" (Sófocles, *op. cit.*, p. 11).

Essa radical determinação de Creonte provoca a célebre resposta de Antígona: "A tua lei não é a lei dos deuses; apenas o capricho ocasional de um homem. Não acredito que tua proclamação tenha tal força que possa substituir as leis não escritas dos costumes e os estatutos infalíveis dos deuses. Porque essas leis não são leis de hoje, nem de ontem, mas de todos os tempos: ninguém sabe quando apareceram" (Sófocles, *idem*).

A tragédia desenrola-se em torno dessas duas posições excludentes entre si, que terminam por conduzir à destruição recíproca dos dois principais protagonistas, da mesma forma que a guerra conduzira à morte mútua os dois irmãos: Antígona enforca-se; seu marido, Hêmon, filho de Creonte, também se enforca; a mãe de Hêmon, ao vê-lo morto, suicida-se com um golpe no fígado; Creonte, por sua vez, não morre, mas é obrigado a viver para sempre com a dor da morte de sua esposa, de seu filho e também de Antígona, a quem deu razão tarde demais.

No desenrolar da narrativa, Sófocles deixa entrever algumas concepções políticas importantes. Fala do ideal de uma sociedade composta por homens e mulheres livres, que pudessem conviver e solucionar os impasses sociais, e sugere, sobretudo, os limites da autonomia. Nesse contexto, evidencia-se que tanto o justo legal quanto o bem político podem se revelar injustos e maus quando se arvoram em verdades absolutas, impostas a despeito da dimensão humana e do espaço social em que se realizam.

Dessa forma, a tragédia *Antígona* permite-nos identificar como são tecidos os fios dos fundamentos da ordem jurídica, descobrindo as primeiras evidências de como o tema da legitimidade e do justo representa condição de possibilidade para a construção do sistema das leis. Aponta igualmente para a originalidade dos valores morais, do justo e do natural, bem como da função da norma. Dessa perspectiva, a tragédia escrita por Sófocles levanta uma série de indagações de ordem ético-filosófica extremamente importantes para pensarmos a relação entre Justiça e Direito. Eis alguns exemplos:

a) A aporia do direito positivo *versus* o direito natural: Sófocles explicita a tensão entre, de um lado, a razão de quem institui as leis, expressa pela vontade de Creonte, e, de outro, a objeção de consciência diante da aplicação da lei positiva que infringe valores supralegais ou naturais. A peça reflete o momento de crise da democracia grega, quando se perdia a noção exata do que seria o justo. Sófocles representa a indagação do "saber nomológico", ou saber a respeito da lei (*nómos*) e dos costumes dos gregos de seu tempo. Desse ponto de vista, Sófocles apresenta uma reflexão muito parecida com o que faz a teoria da justiça contemporânea ao buscar ordenar a sociedade, a fim de garantir a Justiça nas relações entre os seres humanos. Assim, o Direito serve como limite nas relações sociais, mas a questão adiantada pelos gregos, remanescente na atualidade, refere-se à legitimidade da fonte do Direito e do exercício do poder: o Direito é apenas um conjunto de leis produzidas ou também deve refletir leis que não são inventadas pelos humanos, mas dadas pela natureza humana? Antígona agiria com justiça se obedecesse à norma criada por Creonte (de certo modo, ao Direito) ou à inclinação natural que a levava a enterrar seu irmão?

b) A diferença entre o legal e o legítimo: Antígona rejeita o *nómos* ou a norma dada por Creonte, qualificada por ela como simples proibição. Na contrapartida, estavam as leis de origem divina, que se encontram não na vontade do governante, mas naturalmente na consciência dos seres humanos (levando, por exemplo, a honrar o funeral das pessoas queridas). Essas são as leis essenciais e não escritas, fundamento e critério de justiça, a que faz referência Aristóteles na *Retórica* (1373b4), quando diz que, segundo a Antígona de Sófocles, é justo, apesar de proibido, dar sepultura a Polinices, porque fazer isso é algo naturalmente justo.

c) Oposição entre bem público e tirania: Creonte expressa uma concepção do bem público que não leva em consideração a variedade dos agentes encontrados na comunidade política. Nesse sentido, afirma que não terá a menor condescendência com quem desobedecer à sua proclamação, pois o sepultamento de Polinices seria obra das intrigas dos cidadãos que conspiram e murmuram, abanando a cabeça com descrença. A atitude de Creonte institui um universo jurídico unidimensional, o universo das tiranias, reafirmando permanentemente a lei, pois a ideia de que uma lei possa tornar-se injusta na sua aplicação, ou mesmo com o correr do tempo, é uma ideia ausente do universo mental do tirano. Por essa razão, a característica unidimensional do universo jurídico das tiranias impede o enriquecimento da regra e a atribuição de uma segunda ou terceira dimensões a ela por meio da aplicação da lei. Esse debate leva a pensar no que, hoje, se identifica como a diferença entre o direito ideal e o direito positivo. Esses dois níveis aproximam-se na relação existente entre as fontes materiais e as fontes formais do Direito. O direito ideal seria instituinte, enquanto o direito material é da ordem do instituído. Somente por meio dessa distinção é possível corrigir, no poder judiciário, a lei que se revele injusta em casos determinados. O mérito do direito ideal não é somente procedimental, porque mobiliza valores substanciais necessários ao questionamento acerca da positividade do direito constituído.

d) A prevalência da visão do governo sobre a do indivíduo: encontra-se na tragédia de Sófocles a formulação da prevalência daquilo que hoje se denomina "razão de Estado" sobre a consciência e a vontade do indivíduo. Creonte encarna a racionalidade tal como elaborada pelo governo; sua concepção de exercício do poder é autoritária, centrada na sua vontade e descomprometida com a diversidade das opiniões e interesses de uma comunidade de indivíduos livres. Historicamente, Creonte representa a ruptura com a concepção do Estado fundamentado no *genos* ou no grupo, quando imperava a lei da família como núcleo e elemento propulsor da vida política. Ao representar a concepção do Estado como racionalidade de governo, Creonte termina por reduzir o vínculo político à relação de dominação, fato evidenciado quando considera selvagens todos aqueles que discordam de suas ordens.

e) O fenômeno do processo truncado: a razão de Estado leva Creonte a negar-se a considerar qualquer argumento, como o apresentado por seu filho Hémon, que tenta convencê-lo de sua injustiça. Hémon não discute o Direito com seu pai; ao contrário, reconhece a autoridade de Creonte, mas tenta convencê-lo a beneficiar a ordem pública, no que não é ouvido.

f) A resistência ao poder tirânico: a saída encontrada por Sófocles para a intransigência de Creonte consistiu no aprofundamento, também radical, da resistência. O gesto de revolta de Antígona e de Hémon afirma a contradição explícita entre uma ordem ideal de princípios e uma ordem real, estabelecida pelas normas do poder.

2. A tradição aristotélica: Justiça, Direito, virtude e fins

O italiano Norberto Bobbio (1909-2004), autor clássico da teoria contemporânea do Direito, defende uma tese dificilmente refutável: o tema da Justiça é, ainda hoje, compreendido à luz da obra *Ética nicomaqueia*, de Aristóteles. Nela, o Estagirita propôs a primeira e nunca superada definição de Justiça.

No dizer de Bobbio, Aristóteles, no livro V da *Ética nicomaqueia*, deu um tratamento tal à ideia de Justiça que tudo parece ter sido dito, constituindo um patrimônio inesgotável que pode ser aumentado, mas cujo núcleo essencial permanece o mesmo. Por essa razão, Bobbio diagnostica certa monotonia nas análises sobre a Justiça nas obras medievais e um reduzido espaço para o tema nas obras dos pensadores modernos, que, à exceção de Hobbes, pouco se dedicaram ao tema. Isso não significa que os critérios segundo os quais a Justiça deva ser realizada continuem os mesmos desde os tempos de Aristóteles, mas que a sua definição permanece ainda hegemônica.

A presença da concepção aristotélica nas teorias jurídicas e políticas da atualidade pode ser concebida pelo modo como a Justiça é vista como um valor ético-social positivo, de acordo com o qual, em situações bilaterais normativamente reguladas, se atribui a uma pessoa aquilo que lhe é devido. Trata-se da ideia de fundo platônico e aristotélico segundo a qual a Justiça é o *suum cuique tribuere* (dar a cada um o que lhe é próprio). Para entendermos o sentido da Justiça na tradição aristotélica, convém iniciar pela compreensão da virtude.

2.1. A virtude, a Justiça e o Direito

Aristóteles situa o tema da Justiça na reflexão sobre as virtudes e, para tanto, parte da observação dos comportamentos com o objetivo de identificar os seus fins. Virtudes são disposições que se criam nos indivíduos pela repetição de atos bons, de modo que o hábito de praticar atos bons leva a agir de forma parecida diante de situações também parecidas. O contrário da virtude é o vício, que também se produz nos indivíduos por uma repetição de atos, porém atos não bons.

Segundo Aristóteles, o fim que atrai todas as ações humanas é a *eudaimonía* (felicidade); ela é o maior bem porque é um fim em si mesmo, único e almejado por todos os outros bens. A *eudaimonía*, por sua vez, também é uma ação, a de uma vida conforme à virtude mais perfeita. A ideia de fins relaciona-se à qualificação das condutas como boas e más. Para Aristóteles, todo o conhecimento e toda ação visam a algum fim, bom ou mau, e o alcance desse fim depende de como algo se conduziu até ele: se por meio da prática dos vícios (*hýbris*) ou das virtudes (*areté*). Para determinar a virtude e distingui-la dos vícios, Aristóteles propõe o critério do meio-termo entre dois extremos (falta e excesso), que representam os vícios. Não se trata de um meio-termo exato, matemático, mas adequado a cada circunstância particular. Por exemplo, entre pouco e muito alimento, o meio-termo pode variar: para alguém de constituição física comum, o meio-termo pode ser mais próximo de pouco alimento, ao passo que para um atleta pode ser mais próximo de muito alimento. A prudência ou a sabedoria de bem visar ao meio-termo em cada circunstância permite o exercício das virtudes e o encontro do bem; já a prática dos vícios, por deficiência ou excesso, leva à infelicidade.

Nesse quadro reflexivo, Aristóteles define a Justiça como uma virtude a serviço da ordem, um valor altamente apreciável entre os gregos, que concebiam o homem justo como aquele caracterizado por agir de acordo com a ordem universal, ocupando seu lugar próprio no cosmo e desempenhando o papel correspondente a esse lugar. Como diz Aristóteles no livro V da *Ética nicomaqueia* (1134a), a justiça geral, universal ou política é aquela que se dá entre as pessoas que vivem juntas com o objetivo de assegurar a autossuficiência do grupo, quer dizer, entre pessoas livres e proporcionalmente iguais, exprimindo a ordem universal que pressupõe equilíbrio e observância das diferenças. Nesse esquema, as leis desempenham um papel fundamental, a ponto de Aristóteles admitir a correspondência da Justiça com a lei, na medida em que esta determina o que se conforma com a excelência moral (as virtudes) e, ainda, porque possui o poder de coagir, inexistente para a moral. Ao remeter à lei a função de sancionar a virtude e ao afirmar a Justiça como a maior das virtudes, o filósofo entende a lei como condição necessária à realização da Justiça: "[...] Mas certamente não é bastante que desde jovens as criaturas humanas recebam a educação e os cuidados certos; já que, mesmo quando se tornam adultas, elas terão de pôr em prática as lições recebidas e de estar habituadas a tais lições, necessitaremos também de leis para disciplinar os adultos e, falando de modo geral, para coibir toda a duração da vida, pois as pessoas em sua maioria obedecem mais à compulsão do que às palavras e mais às punições do que ao sentimento daquilo que é nobilitante. É por isso que há quem pense que os legisladores devem estimular as pessoas à prática da excelência moral" (Aristóteles, *Ética nicomaqueia*, X, 1181a. Trad. Mario da Gama Kury, Brasília: UnB, 2001).

Poderíamos dizer, então, que da noção de Justiça nasce a de Direito e, por isso, pode também ser chamada de justiça legal. O Direito nasce a serviço das virtudes, que pertencem rigorosamente ao domínio moral. Isso porque as leis são o instrumento criado pelos gregos para preservar a ordem universal, sendo esta o objeto da justiça geral precisamente porque expressa o equilíbrio ou a isonomia.

A outra acepção na qual a palavra "Justiça" pode ser tomada é a de comportamento individual em relação à repartição dos bens e dos deveres no grupo e, por isso, é chamada de justiça particular ou justiça em sentido estrito. Por serem objeto dessa espécie de justiça os comportamentos no interior da *pólis*, ela se preocupa com a repartição de bens partilháveis entre o grupo de modo que ninguém tenha mais ou menos do que lhe é devido. No entanto, a própria justiça particular pode apresentar-se de duas formas: como justiça distributiva ou justiça comutativa.

2.2. Justiça distributiva e comutativa

A diferença entre justiça distributiva e comutativa dá-se em razão dos bens e das pessoas envolvidas. A justiça distributiva manifesta-se na distribuição de funções de governo, de administração da riqueza ou das outras coisas que devem ser divididas entre os cidadãos que compartilham dos benefícios outorgados pela constituição da cidade. A justiça comutativa desempenha uma função corretiva nas relações entre os particulares e se preocupa com o relacionamento mútuo entre dois sujeitos.

A justiça distributiva tem por objeto os bens comuns a serem distribuídos entre todos na vida em sociedade. Ela visa à dificuldade que reside nas desigualdades inerentes aos homens que compõem o substrato social, pois a distribuição dos ônus e dos bônus não se dá de forma meramente aritmética. Os membros da *pólis* possuem, entre si, diferenças e especificidades que a distribuição dos bens precisa levar em conta para alcançar o justo meio. A condição de igualdade entre os membros deve levar à mesma distribuição dos bens, enquanto a desigualdade justifica diferentes atribuições de bens. Na lógica distributiva, o quinhão de cada um deve ser proporcional a algum atributo individual, relevante para o tipo de sociedade em que vive.

2.3. Justiça como igualdade

Aristóteles estabelece uma relação indissociável entre as ideias de Justiça e de igualdade, a ponto de identificar o justo com o igual. No livro V da *Ética nicomaqueia* (1131a), ele dá a entender que, se o injusto é o desigual, o justo é o igual. E, já que o igual é o meio-termo, o justo será um meio-termo. A igualdade é, então, expressão da Justiça nas relações entre as pessoas (o que uma parte deve à outra) e entre estas e a sociedade (o que o todo deve à parte), pois a Justiça existe onde está o equilíbrio (o meio-termo ou o justo meio). Onde não existe o justo meio há injustiça. Isso ocorre quando alguém está excessivamente onerado, ao suportar algo danoso (mau) em demasia e dispor em pouca medida dos bônus, ou quando alguém está excessivamente beneficiado, ao dispor em larga medida do que é bom, sem experimentar proporcionais cargas e ônus. A igualdade serve, portanto, como um critério para aferir a Justiça, pois tornar igual é o seu propósito.

Aristóteles não afirma, porém, que a igualdade seja absoluta, no sentido de que a vida em sociedade exija uma uniformidade de quantidade e qualidade de bens para todos. Embora ele pense que, se as pessoas não são iguais, elas não têm uma participação igual nas coisas, ele também afirma que não há igualdade quando pessoas iguais têm e recebem quinhões desiguais ou pessoas desiguais recebem quinhões iguais. Daí o velho adágio segundo o qual "os iguais devem ser tratados como iguais e os desiguais como desiguais". Isso indica que, no pensamento aristotélico, não se pode confundir igualdade com uniformidade.

2.4. Justiça e equidade

A justiça particular é o terreno onde se desenrola o ofício ou a arte jurídica. Para desenvolver esse ofício é preciso, antes, mensurar a proporção entre os bens e os ônus (deveres ou obrigações) de uns e de outros, segundo algum critério. Para os gregos, esse critério advinha da observação de como tudo estava posto e ordenado na harmonia e no equilíbrio do cosmo (independentemente, portanto, da vontade humana). O rompimento desse equilíbrio pelo exercício das atividades humanas representava a injustiça, expressa no fato de alguém ter recebido mais ou menos do que lhe é devido, em detrimento de outro ou dos demais.

Nesse caso, a Justiça seria restabelecida pelo juiz (o *dikastés*, aquele que pratica a *diké*, ou Justiça). Ele, em sua sentença, não determina nada mais do que a parte de cada um. Realizar a Justiça é restabelecer a igualdade, pois o meio-termo entre o ganho e a perda é o igual. A Justiça é o resultado da igualdade; e o justo (*dikaíon*) *é o* "dividido ao meio". Como a Justiça é a virtude que supõe no mínimo dois elementos, a lei interessa-se particularmente por ela e a encerra num texto, um texto legal.

Seria ilusório, todavia, supor que todos os problemas do ato de julgar estariam resolvidos com o conhecimento da lei. Por isso, no final do livro V da *Ética nicomaqueia*, Aristóteles dedica-se ao problema das limitações do texto legal em face da complexidade das situações concretas que ela visa regular. É diante desse problema que Aristóteles desenvolverá a ideia de equidade como uma necessária correção da lei naquilo em que ela é omissa (devido à sua generalidade). No momento de sua aplicação, a lei passa por um processo de correção e adaptação. A isso se chama equidade ou *epieíkeia*. No dizer de Aristóteles, a equidade, embora seja uma forma de Justiça (e, portanto, de virtude), não é a Justiça segundo a lei, mas seria um corretivo desta.

Nesse sentido, a ideia de equidade ou *epieíkeia*, como forma elevada de Justiça, visava proporcionar a acomodação da lei à situação concreta impossível de ser previamente contemplada por causa da complexidade das relações sociais. Ao falar de equidade, Aristóteles reporta-se à metáfora da régua de chumbo usada pelos construtores da ilha grega de Lesbos, cuja flexibilidade tornava a régua capaz de se adequar aos acidentes do terreno e, assim, medi-lo. A metáfora foi utilizada para demonstrar que uma situação indefinida necessita de regras flexíveis, com habilidade de se adaptarem a ela. O juiz, a fim de concretizar a Justiça, está sempre às voltas com a necessidade de interpretar, compreender e aplicar o conteúdo disciplinado pelo texto legal quanto à situação apresentada diante de si.

2.5. A Justiça, o Direito e a convivência humana

Seguindo a seu modo a tradição aristotélica, o pensador medieval Tomás de Aquino (1225-1275) corroborou e complementou a reflexão do Estagirita a respeito da Justiça e do Direito.

Tomás de Aquino reafirma a virtude humana como algo capaz de tornar bons o ato humano e o próprio homem. Essa concepção é perfeitamente exemplificada pela Justiça, que, portanto, é uma virtude. Como Tomás afirma na *Suma de teologia* (II^{a}II^{ae}, q. 58, a. 3), se a Justiça regula as operações humanas, torna boas as operações do homem em suas relações com os demais.

A Justiça orienta de duas maneiras o indivíduo em suas relações: primeiro, na sua relação com os outros indivíduos; segundo, nas suas relações com a comunidade. Por isso, a Justiça está direcionada ao outro em ambos os sentidos. Todos os atos de virtude que orientam o homem para o bem comum constituem a justiça geral. A Justiça que, pelo Direito, dirige o homem ao bem pode ser chamada de justiça legal.

Para afirmar que a Justiça se faz sempre em relação ao outro, Tomás recorre a uma ideia tomada de Cícero (106-43 a.C.), para quem a essência da Justiça é manter os homens em sociedade e em mútuas relações. Se a Justiça implica igualdade e se uma coisa é igual, não em si, mas em relação ao outro, então o objeto da Justiça são as nossas relações com os outros. Por isso, no dizer de Tomás de Aquino, ela refere-se essencialmente à relação com o outro.

Para Aristóteles, o convívio humano possui dois lados, a que correspondem dois conceitos de Justiça. Com respeito às instituições e aos sistemas sociais, como o matrimônio, a família, a economia e a educação, a moral devida poderia ser denominada justiça institucional ou objetiva; no caso das relações com o Estado, poderíamos falar de justiça política. Com relação à forma de agir, a Justiça significa uma disposição de caráter em que alguém cumpre as exigências da justiça institucional não por medo, mas voluntária e constantemente. Nesse caso, ela é um traço do caráter ou da personalidade, uma virtude moral.

Santo Tomás de Aquino também concedeu tratamento especial a essa questão. Para ela, a Justiça é adequadamente definida como a constante e perpétua vontade de dar a cada um o que é seu. Ora, a Justiça refere-se àquelas coisas que pertencem às relações entre os homens, de modo que a prática da Justiça, quanto à sua própria matéria e objeto, pode ser indicada pela expressão "dar a cada um o seu direito". Para que um ato possa ser considerado virtuoso, ele tem de ser, antes, voluntário, estável e firme. Por isso, a definição de Justiça requer primeiramente a "vontade", a fim de mostrar que o ato de Justiça deve ser voluntário; em seguida, exige que essa vontade apresente como características a "constância" e a "perpetuidade" que indiquem sua firmeza. Reportando-se ao próprio Aristóteles, Tomás afirma que a Justiça não é o intelecto ou a razão (capacidades cognitivas), mas deve acontecer em alguma capacidade apetitiva do ser humano. Dado que a Justiça também não pode estar no âmbito das paixões, Tomás define-a como um ato da vontade (*Suma de teologia* II^{a}II^{ae}, q. 58, a. 4).

Aristóteles tratou exaustivamente das duas formas de Justiça, seja como virtude pessoal, seja como exigência política. A ideia de fins, nesse sentido, mostra-se determinante para a de Justiça, porque o justo será definido de acordo com sua aptidão para atingir o bem, e a Justiça será considerada a forma mais elevada de virtude, pois é a que se volta para o outro. Assim como outras virtudes, a Justiça expressará a ideia de meio-termo e, com isso, se aproximará da ideia de igualdade. Nesse sentido, a Justiça será o meio-termo entre o agir injustamente e o ser tratado injustamente. No primeiro caso, o resultado será a aquisição de um bem em excesso; no segundo, será a perda, a deficiência ou o prejuízo em relação a algum bem. Em outras palavras, quem age injustamente terá vantagens em relação ao outro, que é, portanto, tratado injustamente. A Justiça será, portanto, a expressão da igualdade.

3. A Modernidade e a Atualidade: separação entre Justiça e Direito

Ainda tendo como ponto de partida a visão original de Aristóteles, estudaremos neste último capítulo o ponto de ruptura que a Modernidade realiza ao identificar a Justiça com a busca do próprio interesse ou com a lei no sentido positivista do termo.

Aristóteles sustenta ser justo algo correto e conforme à lei; o injusto seria o ilegal e o desigual. As pessoas injustas expressam sua injustiça de duas formas: sendo desiguais ou sendo infratoras das leis. No primeiro caso, a sua injustiça revela-se na ambição, ou seja, no fato de almejarem e de perseguirem, de maneira irrestrita, apenas os bens (não todos os bens, mas aqueles dos quais dependem a prosperidade e a adversidade), esquivando-se dos males. Nesse caso, poderíamos perguntar: o que há de errado, hoje, em desejar e alcançar o maior número de bens materiais possíveis? Essa, afinal, não é a orientação do sistema econômico predominante desde a Modernidade?

A chave para a compreensão da relação que Aristóteles propõe entre injustiça e desigualdade ou ambição, está na concepção de comunidade suposta pelos gregos para a elaboração de suas noções políticas. Tal noção estabelece posições predeterminadas por um cosmo harmonioso e organizado, onde, além dos bens, há também os males. Portanto, não se podem conceber ordem e harmonia sem que todos compartilhem igualmente os bens e os males, segundo a posição que ocupam no conjunto. Logo, ambicionar apenas os bens, antes de tudo comunitários, configura a desigualdade, pois se desconsidera a possibilidade de outros membros do grupo social usufruírem daquilo que lhes cabe. O apoderamento em maior medida dos bens pelos mais ambiciosos gera a desigualdade social ou o desequilíbrio injustificado entre iguais. Por isso, a ambição desmedida constitui-se em um mal em si mesmo, sendo contrária à Justiça, que, como virtude da ordem, expressa a igualdade em última análise.

No segundo caso, quer dizer, o da injustiça como ilegalidade, o problema está no descumprimento da lei, porque Aristóteles parte do pressuposto segundo o qual todos os atos conformes à lei são, em alguma medida, justos. Para ele, como as leis são garantidoras do interesse comum de todas as pessoas, elas tendem à preservação da felicidade da comunidade política. Isso porque as leis prescrevem agir virtuosamente (como agem os homens corajosos, moderados, amáveis e assim por diante). Ao identificar a Justiça à lei, Aristóteles jamais pretendeu relacionar as duas ideias de forma absoluta, porque não estava se referindo a qualquer espécie de lei, como deixa claro em seu texto (no que é seguido por Tomás de Aquino), mas apenas àquelas que prescrevem a ação virtuosa e visam, portanto, à felicidade da *pólis*.

Por obra de diferentes movimentos da filosofia moderna, o conceito de Justiça foi revisto. De um lado, ela se descolou da ideia de uma desigualdade que afronta a moral; de outro, houve sua identificação irrestrita com a lei.

Ou seja, enquanto a moderna Filosofia do Direito perdia sua dimensão moral, foi-se afirmando, cada vez mais, a sua dimensão legal, com base na identificação do justo com os ditames da lei. A Filosofia, desde seu início, preocupou-se com a ideia de justiça política como padrão crítico do Direito e das formas de dominação. Os grandes filósofos – de Platão aos iluministas e seus seguidores – também foram, em boa parte, pensadores do Direito e do Estado, dando-se à perspectiva ética um papel fundamental. O discurso político foi, essencialmente, conduzido pelos filósofos, caracterizando-se, em maior ou menor grau, como crítica ética da dominação. No entanto, a tradição da ética filosófica do Direito e do Estado rompeu-se durante o século XIX com o surgimento de duas correntes filosóficas de grande influência: o Utilitarismo e o Positivismo. O Utilitarismo parte do pressuposto de que os bens são limitados e de que seria impossível a sua universalização, de modo que devemos nos contentar com a máxima "o maior bem para o maior número de pessoas", não importando muito o que fazer com o resto dos que ficam fora da posse desses bens. Por sua vez, o Positivismo considera a possibilidade de um bem objetivo, entendendo o bem moral como relativo a cada ser humano ou grupo, de modo que, a fim de evitar conflitos, deve-se buscar objetivar o bem na lei, limitando o justo e o injusto ao cumprimento e descumprimento da lei.

3.1. Contratualismo liberal e Justiça

Durante a primeira metade do século XX, a reflexão filosófica sobre os temas relacionados à Justiça, ao Direito e ao Estado esteve dividida entre duas principais preocupações: de um lado, a política, com o estudo do desejável, e, de outro, a economia, com o estudo do possível. O primeiro abriu espaço para a análise de conceitos, enquanto o segundo concentrou-se na capacidade do mercado de produzir resultados utilitários ou, pelo menos, práticos. Nesse contexto, a obra de John Rawls (1921-2002) intitulada *Uma teoria da justiça* teve um profundo impacto, tornando-se central para a teoria política no século XX.

Rawls resgata para o debate jurídico uma discussão que parecia ter sido sepultada pelos utilitaristas e positivistas do século XIX e primeira metade do XX: o tema da natureza da Justiça e, consequentemente, dos valores. Ele propõe estabelecer quais princípios morais devem governar a estrutura básica de uma sociedade qualificada como justa. Para tanto, elabora sua teoria da Justiça como equidade, reforçando a primazia da Justiça sobre o bem-estar e a legitimidade de discutir filosoficamente temas substantivos mesmo quando ferramentas conceituais não são totalmente satisfatórias ou disponíveis.

Rawls compartilha com Aristóteles a tese da Justiça como a mais importante virtude social para o funcionamento eficiente da sociedade por impor limites à busca do autointeresse e regular as interações humanas, tornando possível a vida em sociedade. A teoria rawlsiana foca nas instituições e não nas posições pessoais ou comportamentos individuais. Sua concepção pública de Justiça tem como objetivo corrigir injustiças estruturais e não encontrar demandas individuais por retribuição ou reconhecimento de mérito. Nesse sentido, Rawls diferencia-se, no plano contemporâneo, tanto dos libertários – focados nas demandas individuais por direitos – quanto dos comunitaristas – que derivam a concepção de Justiça de dada doutrina do bem.

A Justiça, para Rawls, resulta de um acordo entre pessoas livres e iguais, desejosas de proteger seus principais interesses, tanto como seres racionais autointeressados quanto como pessoas morais, movidas a agir por meio de imperativos morais. Em outras palavras, a

Justiça seria o resultado de um acordo obtido sob condições específicas de equidade, igualdade, reciprocidade, publicidade e imparcialidade; deriva de uma concepção normativa de pessoas como seres livres e iguais. Mesmo entendida como a primeira virtude das instituições sociais, a Justiça não é possível sem o concurso dessas circunstâncias.

Para Rawls, a Justiça assenta-se em diferentes bases motivacionais. As pessoas teriam motivações diversas para serem justas e se comprometerem a viver em sociedades justas. As motivações seriam de três ordens: vantagem mútua, imparcialidade e reciprocidade. As sociedades não podem se desenvolver na ausência de esquema cooperativo de benefícios mútuos. Nesse sentido, a Justiça representaria um sacrifício racional e prudente de parte de nossos bens em nome de um bem maior: mais segurança e estabilidade. Um segundo aspecto da Justiça diz respeito à forma como uma sociedade é organizada. Nesse sentido, ela só será bem-ordenada se observar as exigências de imparcialidade, segundo as quais se devem tratar casos iguais de forma igual e casos desiguais de forma diferente. Enquanto a primeira base motivacional refere-se às interações individuais e a segunda ao tratamento moral das pessoas como seres iguais em dignidade, a terceira base motivacional da Justiça enfoca o aspecto social da natureza humana. A reciprocidade é construída num sistema de regras e práticas que regulam as instituições sociais e criam coesão social, independentemente das decisões individuais. Assim, uma sociedade que tolera a escravidão pode ser mutuamente vantajosa (para alguns), mas exclui a reciprocidade.

Para Rawls, o que torna justas as instituições é o fato de nenhuma distinção arbitrária ser feita entre pessoas na atribuição de seus direitos e deveres, de modo que as regras determinam um equilíbrio próprio entre reivindicações que concorrem para as vantagens da vida social. Como as pessoas discordam sobre os termos básicos de sua associação, nascem distintas concepções de Justiça. Uma solução para conceber a Justiça, segundo Rawls, é formada por dois elementos: os princípios e os critérios.

Para construir os princípios da Justiça numa sociedade democrática e bem-ordenada (foco de sua teoria), Rawls parte de uma situação hipotética, chamada de posição original, e destaca um tópico moral específico: a ordem social. Ele considera a relevância dos indivíduos membros da sociedade em questão, endossa a condição de anonimato e rejeita qualquer tipo de relevância moral obtida pelo argumento da vantagem individual. Para tanto, cria uma situação contratual hipotética capaz de servir a uma concepção de Justiça que apresente as características elencadas.

Na posição original, as partes são concebidas como seres racionais (capazes de adotar meios eficientes para o alcance de determinados fins) e mutuamente desinteressados, mas não egoístas. O contrato social será, então, precedido por uma situação moral ideal: as partes vivem sob o véu da ignorância acerca de interesses e paixões. Elas não sabem nada sobre o que cada indivíduo particular representa, sobre o gênero dos cidadãos, a cor de sua pele, suas habilidades naturais, seus temperamentos, interesses, gostos ou preferências. Elas tampouco conhecem as condições específicas da sociedade cuja ordem social está em discussão, como, por exemplo, o território, a condição climática, os recursos naturais, a população etc. Em outras palavras, as pessoas estruturam a sociedade de acordo com um critério público que só será racional se nada for conhecido sobre as particulares condições nas quais a sociedade existirá.

A questão para Rawls não é simplesmente saber quais princípios são desejáveis ou possíveis, mas quais deles seriam escolhidos nessa posição original de imparcialidade, em que as pessoas estão preocupadas em estabelecer um arranjo ao mesmo tempo desejável e possível. A resposta determina que as pessoas escolheriam ser governadas por dois princípios de Justiça: o primeiro, que garanta liberdades individuais fundamentais, e o segundo, que assegure as desigualdades sociais e econômicas de forma que ofereça o maior benefício possível aos mais desfavorecidos.

Ou seja, os dois princípios de Justiça adotados na posição original são os aceitos consensualmente por pessoas racionais preocupadas em promover seus interesses, em condições de igualdade em que ninguém é consciente de ser favorecido ou desfavorecido por contingências sociais e naturais. Para a eleição desses princípios, as partes se situam atrás de um véu de ignorância, em que desconhecem as várias alternativas que irão afetar o seu caso particular e são obrigadas a avaliar os princípios unicamente com base em considerações gerais.

A decisão de escolher esses dois princípios de Justiça e não outros tem, em Rawls, uma explicação. As pessoas, na posição original, dispõem de um conjunto de opções que inclui uma lista de cinco concepções tradicionais de Justiça e seus principais princípios. A primeira contém a concepção preferida de Rawls: os princípios da Justiça como equidade. As outras quatro contêm concepções teleológicas clássicas (como o utilitarismo), concepções mistas, que combinam princípios protetores da liberdade com variações utilitárias e concepções egoístas. Entre todas as opções possíveis, as pessoas escolhem os dois princípios da Justiça como equidade porque eles representam a solução *maximin* (maximização do ganho mínimo) para o problema da justiça social em uma condição de incerteza.

A concepção de Justiça como equidade e seus dois princípios correlatos apresentam, por isso, vantagens positivas. Enquanto o utilitarismo, ao maximizar a utilidade, abre a possibilidade de algumas pessoas viverem muito mal, os princípios da Justiça como equidade propiciam a aquisição de um bem-estar social para os mais desfavorecidos, sem precisar abrir mão do direito de ser livre. Além disso, sob o ponto de vista da psicologia moral, são os únicos princípios a que as pessoas sentem-se seguras para aderir porque podem confiar umas nas outras. Essa concepção é a única que garante um sistema no qual o bem de cada pessoa é afirmado: as liberdades individuais são asseguradas, enquanto cada indivíduo é beneficiado com a cooperação social. Por fim, é uma concepção que expressa o respeito entre as pessoas, de modo que inclua a consideração com o bem-estar de todos em um esquema de mútuo benefício. Dessa forma, o aparato público para o autorrespeito das pessoas aumenta a efetividade da cooperação social. Esse conjunto de argumentos oferece fortes razões, segundo Rawls, para a escolha, na posição original, desses princípios como aqueles que reúnem mais condições para a construção de uma sociedade democrática e bem-ordenada.

3.2. Libertarismo e Justiça

Robert Nozick (1938-2002) publicou a obra *Anarquia, Estado e utopia* apenas três anos depois da publicação de *Uma teoria da justiça*, de Rawls, e situou-se teoricamente no polo oposto ao de Rawls, oferecendo um importante substrato teórico para as críticas à concepção liberal do Estado de bem-estar social (ou do liberalismo igualitário).

Como Rawls, Nozick remete-se igualmente à ideia de estado de natureza, quer dizer, uma situação de conflito natural de todos contra todos na eventual falta de um contrato social que toma corpo no Estado, porém o considera mais do que um simples experimento mental em que se estabelecem as várias possibilidades racionais para a construção e a justificação da sociedade. Para ele, trata-se, ao contrário, de uma justificação para o Estado e não para a sociedade, assim respondendo à questão sobre o que justifica a existência do poder estatal e quanto de poder pode ser justificado.

Tanto o pensamento de Nozick quanto o de Rawls situam-se no marco da tradição liberal. Todavia, dentro do próprio liberalismo podem-se distinguir diferentes versões, e é essa diferença que separará os dois autores. Os pressupostos unificadores das diferentes correntes do liberalismo podem ser definidos como aqueles nos quais o Estado deve ser guiado por valores que refletem a pluralidade de concepções razoáveis sobre a vida boa, garantem a liberdade e a igualdade dos cidadãos e mantêm a justa distribuição de bens necessária para realizar a sua própria concepção de vida boa. Além disso, o liberalismo defende que os cidadãos não apenas podem, mas devem tomar, por si mesmos, decisões sobre suas concepções de vida boa, agindo autonomamente dentro da esfera privada protegida por seus direitos. Porém, as versões do liberalismo diferem entre si em razão de um desacordo sobre a interpretação dos valores básicos, a respectiva importância da autonomia e sobre como esta deve ser exercida.

De um lado, o liberalismo clássico concebe a liberdade como o valor liberal básico e a entende como a ausência de impedimentos externos à atividade dos indivíduos. A liberdade de alguém só pode ser limitada em nome da liberdade de outra pessoa, de modo que apenas os limites protetores das oportunidades de todos os outros indivíduos para realizar livremente seus atos podem justificar tal limite, sendo esse, precisamente, o papel do Estado. O libertarismo é uma versão atualizada do liberalismo clássico. A primeira versão do liberalismo foi, no entanto, alvo de contundentes críticas, quando, já no século XIX, passou-se a sustentar o fato de que o exercício da liberdade exige recursos econômicos adequados, acesso à saúde, educação, segurança e assim por diante. Igualdade, direitos e justiça distributiva devem ser garantidos para proteger não apenas a liberdade, mas as condições exigidas para o seu exercício. Apenas se os indivíduos forem aptos a ocupar uma posição capaz de lhes permitir as mesmas oportunidades de gozar as vantagens do pluralismo é que o seu direito de liberdade poderá ter algum significado. A versão do liberalismo da qual decorre essa crítica é chamada de igualitária por alguns, ou deontológica, por outros. A essa corrente filiam-se autores como Bruce Ackerman, Ronald Dworkin, Thomas Nagel, Alan Gewirth e, finalmente, John Rawls.

A essência da crítica de Nozick à versão igualitária, sobretudo em sua formulação no pensamento de John Rawls, reside no fato de que os aspectos distributivos de sua teoria da Justiça violam os direitos individuais de propriedade e de domínio sobre si mesmo. Na visão de Nozick, Rawls e todos os liberais igualitários falham em considerar seriamente os direitos do indivíduo, uma vez que este é forçado a enfrentar um sistema de tributação cogente, que equivale a usar os talentos de alguns indivíduos como meios para os fins daqueles outros que não os têm ou, pelo menos, não os têm na mesma medida. A formulação de Nozick será especificamente focada na ideia de que a Justiça deve estar comprometida tão somente com o incremento do exercício da liberdade individual.

A construção teórica de Nozick começa pelos limites até os quais se justificam o poder e a atuação do Estado. Nesse sentido, é justificado apenas um Estado mínimo e limitado a estreitas funções de proteger contra a força, o roubo, a fraude e de velar pelo cumprimento dos contratos. Qualquer figura estatal mais extensiva do que essa violaria os direitos das pessoas. Em clara oposição à necessidade de um controle sobre a distribuição dos bens sociais, Nozick irá afirmar que o Estado não deve usar o seu poder coercitivo para forçar alguns cidadãos a ajudar os outros ou para proibir-lhes o exercício de quaisquer atividades sob a alegação de que o faz para o seu próprio bem.

A posição libertária de Nozick tem importantes implicações para a concepção de Justiça. Para os críticos de Nozick, um Estado mais extenso é necessário, pois o Estado mínimo não dá conta de alcançar a justiça distributiva. Nozick refuta essa crítica, negando, em primeiro lugar, qualquer possibilidade de uma espécie de justiça que possa ser chamada de distributiva, haja vista não existir uma distribuição central nem pessoas ou grupos encarregados de controlar todos os recursos ou de decidir como eles serão distribuídos. Em sociedades livres, diversas pessoas controlam diferentes recursos, e cada nova aquisição nasce das trocas voluntárias ou das ações dessas mesmas pessoas.

Nozick elabora sua noção de Justiça tendo em vista as maneiras como os bens ou as propriedades configuram-se na sociedade; daí ele usar a expressão "justiça em propriedades". Sendo assim, há apenas três formas de alguém obter algo. A primeira é a aquisição original da propriedade, mediante a apropriação de coisas livres, sem proprietários. Dessa situação origina-se o princípio da Justiça na aquisição. A segunda é a transferência de propriedade de uma pessoa a outra, situação de que nasce o princípio da Justiça na transferência. Além dessas duas formas, alguém pode, ainda, adquirir algo de modo não sancionado, ou pelo princípio da Justiça na aquisição ou pelo princípio da Justiça na transferência. Trata-se dos casos em que alguém enriquece fraudando, roubando ou escravizando. A existência de injustiça prévia origina, então, o terceiro princípio da Justiça: o princípio da retificação. Esse princípio utiliza informações históricas sobre situações e injustiças previamente cometidas, bem como informações sobre o atual curso dos eventos que, até o presente, advieram dessas injustiças.

Desse modo, apenas quem adquire uma propriedade de acordo com o princípio da Justiça na aquisição ou com o princípio da Justiça na transferência está legitimado a mantê-la; fora isso, o único caso justificável é o de algo lhe ser restituído em função de o bem ter sido ilicitamente adquirido por outrem.

Diante dessas premissas, Nozick contesta o princípio da justiça distributiva segundo o qual uma distribuição é justa se todos possuem seus bens legitimamente sob essa operação. Se cada um possui legitimamente suas propriedades, então o saldo total da distribuição dessas é justo. Desse modo, se o conjunto de propriedades é corretamente gerado, não há razão para um Estado mais extensivo baseado na ideia de uma justiça distributiva, pois, se esses princípios são violados, o princípio da retificação entra em ação. Nozick restringe as possibilidades de realização da Justiça ao Estado mínimo, pois dá total primazia ao indivíduo sobre a comunidade. Porém, se a defesa da visão libertária centra-se no fato de que ninguém deve ser obrigado a cooperar para o bem-estar social, é evidente não apenas o caráter antissolidário dessa teoria, mas também a defesa dos direitos daqueles indivíduos que, por alguma circunstância, se encontram em melhores condições de prosperidade na sociedade. Trata-se, portanto, de uma teoria que desconsidera os fatores determinantes da pobreza e das desigualdades sociais. Tais fatores – desde inaptidões físicas, etnia, nacionalidade – atingem a maioria das pessoas e são responsáveis por impedi-las de obter o que desejam. Trata-se, portanto, de uma teoria da Justiça para proprietários, na qual o comprometimento do Estado com a promoção da distribuição dos bens não faria nenhum sentido.

3.3. Comunitarismo e Justiça

Trata-se de uma postura comum entre os comunitaristas a crítica ou a rejeição ao liberalismo em razão de manter um excessivo individualismo e ignorar as diversas formas de vida nas quais estamos inseridos ou situados. Para a crítica comunitarista, o efeito dessa deficiência teórica se expressa na tentativa liberal de proteger e promover a dignidade e a autonomia dos indivíduos, debilitando as associações e as comunidades que podem propiciar a prosperidade humana.

O comunitarismo contesta todas as versões do liberalismo. No entanto, percebe-se mais facilmente sua clara oposição ao liberalismo clássico e à sua versão contemporânea libertária. O liberalismo igualitário de Rawls, por sua posição moderada, encontra-se numa espécie de "fogo cruzado" entre o comunitarismo e o libertarismo. Diferentemente deste, no entanto, o comunitarismo critica a prioridade conferida ao indivíduo em detrimento da comunidade. Ao contrário do libertarismo, não se refere, portanto, aos aspectos distributivos da teoria igualitária, mas às questões ligadas à liberdade individual. A discussão reside na importância do direito do indivíduo a escolher seu próprio destino e expressá-lo livremente mesmo onde haja conflito com os valores e compromissos da comunidade da qual faz parte.

A crítica comunitarista repousa na impossibilidade de existirem padrões universais pelos quais se possam julgar as práticas de comunidades particulares. A ênfase na comunidade também pode ser encontrada no marxismo, constituindo, até mesmo, uma característica do ideal comunista. Porém o tipo de comunitarismo surgido nos últimos anos é bastante diferente do tradicional marxismo. Os marxistas veem a comunidade como algo que só poderá ser alcançado após uma mudança revolucionária na sociedade, que supere o capitalismo e construa uma sociedade socialista. Os novos comunitários, por outro lado, acreditam que a comunidade já existe, na forma de práticas sociais comuns, tradições culturais e entendimentos sociais compartilhados. A comunidade não precisa ser construída de novo, mas precisa ser respeitada e protegida. Além disso, os comunitários veem a comunidade também nas práticas sociais que os marxistas consideram exploratórias e alienantes. Como autores de matriz comunitarista, se destacam Michael Sandel, Michael Walzer, Alasdair MacIntyre e Charles Taylor, entre outros.

As teorias liberais assumem que uma sociedade justa não é aquela governada por uma concepção particular do que seja o bem comum, mas a possuidora, como pano de fundo dos direitos, de liberdades e deveres segundo os quais as pessoas podem escolher o curso de suas próprias vidas, individual ou coletivamente. Para os comunitaristas, uma sociedade justa não é aquela governada por leis que permitam aos seus indivíduos escolher livremente o curso de suas vidas, mas aquela governada pela preocupação com o bem comum, no qual o bem da comunidade é preeminente. Para os comunitaristas, a moral está enraizada nas práticas de cada comunidade, de modo que procurar princípios universais de Justiça para julgar ou redesenhar sociedades já existentes é uma ideia sem plausibilidade. Por isso, os valores mais adequados para pautar a criação de leis e, consequentemente, para as pessoas orientarem as suas escolhas são aqueles que expressem as próprias tradições morais da comunidade à qual pertencem.

Os comunitaristas rejeitam a visão liberal do sujeito e desenvolvem uma teoria da construção social tanto do sujeito quanto da realidade social e sua cultura, valores, instituições e relações. Segundo essa construção, a personalidade e a agência moral são socialmente produzidas e especificadas. A despeito das diferenças entre os diversos autores de matriz comunitária, uma ideia comum a todos eles é que o Eu é um ser situado e corporificado.

O sociólogo estadunidense Daniel Bell (1919-2011) ilustra bem a tese comunitária ao construir um diálogo entre duas personagens, Anne e Philip, em seu livro *Communitarianism and it's Critics* (Comunitarismo e seus críticos). Ao discutirem sobre a noção de comunidade constitutiva, Anne e Philip argumentam acerca de como as pessoas respondem à questão "Quem é você?", e demonstram que os indivíduos sempre se definem em relação ao seu *background*, ou seja, ao seu arcabouço ou herança cultural, remetendo-se aos fatores históricos, sociais, étnicos, religiosos, enfim, tudo o que os define como indivíduos. Assim, as pessoas normalmente dizem "Eu sou brasileiro" ou "Eu sou judeu", ou ainda "Eu sou filho de fulano" ou "Eu sou de tal cidade". A comunidade constitutiva guarda o acervo de significações que moldam as formas de pensar, agir e julgar de cada pessoa, de tal modo que o distanciamento dessa experiência deixa as pessoas desorientadas a ponto de não conseguirem tomar posições significativas sobre diversas coisas.

O impacto da tese comunitarista sobre a concepção de Justiça possui um espectro bastante diferenciado. Os comunitaristas concordam sobre a necessidade de mudanças nos tradicionais princípios liberais de Justiça, mas diferem sobre como esses princípios deveriam ser modificados. É possível distinguir três diferentes linhas no pensamento comunitarista.

A primeira, representada pelo pensamento de Michael Sandel (1953-), considera que a comunidade substitui a necessidade por princípios de Justiça. Se as pessoas respondessem espontaneamente às necessidades dos outros por amor ou por objetivos compartilhados, então não haveria necessidade de reivindicar seus direitos. Nesses casos, preocupações com a Justiça poderiam apenas resultar em prejuízo da condição moral da sociedade. Em seu livro *O liberalismo e os limites da justiça*, Sandel afirma que a Justiça encontra seu espaço na comunidade liberal porque seus cidadãos não são egoístas, mas estranhos e, às vezes, até benevolentes, porém, não se conhecem e não conhecem os objetivos uns dos outros o suficiente para que a sociedade seja governada em nome do bem comum.

Outros comunitaristas concordam com Rawls sobre a necessidade de princípios de Justiça, porém criticam o fato de os liberais tratarem a Justiça como um critério externo e atemporal, utilizado para criticar formas de vida de qualquer sociedade. É o caso de Michael Walzer. Em seu livro *Esferas da justiça*, ele afirma que qualquer consideração substantiva sobre justiça distributiva será sempre local, e que uma sociedade é justa se for vivida num modo fiel aos entendimentos compartilhados por seus membros. Em frontal oposição à concepção rawlsiana, a Justiça, para Walzer, está enraizada nos distintos entendimentos sobre lugares, honras, trabalhos e tudo o que constitui uma vida compartilhada, de tal sorte que injusta é a situação que anula ou ignora tais entendimentos. De acordo com essa premissa, Walzer analisa o que, para um liberal, é um clássico exemplo de injustiça, o sistema de castas indianas, e procura demonstrar que, visto internamente, esse tipo de sociedade possui seu próprio esquema de Justiça, apesar de, nesses casos, a Justiça funcionar como um reforço às desigualdades. As castas são exemplos de sociedades hierarquizadas e integradas, nas quais o modo de funcionamento, de acordo com suas práticas e seus valores morais e religiosos, pressupõe desigual gozo e acesso a bens. Portanto, o justo nem sempre será o resultado de uma operação de distribuição na qual todos os afetados são considerados iguais, como querem os liberais, porque o significado da Justiça deriva da concepção social de cada comunidade e da forma como se encontra organizada.

Por fim, há autores comunitaristas, como Charles Taylor e Alasdair MacIntyre, para os quais o problema do liberalismo não reside em sua ênfase na Justiça ou no universalismo, mas sim no individualismo, porque os liberais baseiam sua teoria nas noções de direitos individuais e liberdade pessoal, ao mesmo tempo que negligenciam o fato de isso só ser possível dentro de uma comunidade. Ao partirem da dependência social dos seres humanos, os comunitaristas como Taylor e MacIntyre afirmam que todos nós temos a obrigação de contribuir para o bem comum da sociedade, tão importante quanto nossos direitos e liberdades. Desse modo, uma política de direitos deveria ser abandonada em favor de uma política do bem comum. Segundo o livro *As fontes do self: a construção da identidade moderna*, de Charles Taylor, a concepção liberal de ser humano é a de um ser autossuficiente, racional, autônomo e, portanto, independente da sociedade. Ao conceber o ser humano como um átomo, o liberalismo não só é incapaz de explicar o fato da sociabilidade humana, mas também legitima a construção de instituições de efeitos atomísticos sobre os indivíduos. Essas instituições, focadas tão somente na persecução de direitos individuais, são incapazes de considerar a importância de sustentar as capacidades de tornar possíveis as próprias escolhas pessoais. Essa crítica é reforçada, nesse sentido, por Alasdair MacIntyre, em seu livro *Depois da virtude: um estudo em teoria moral*. Ele defende uma volta à ética aristotélica das virtudes como modo de enfrentar a crise moral do Ocidente, cuja responsabilidade atribui ao projeto iluminista, defensor de valores universais e de uma ordem social na qual os indivíduos possam emancipar-se da contingência e particularidade das tradições. Há, portanto, na crítica comunitarista, a contestação ao pressuposto segundo o qual se possa chegar a padrões universais de conduta, defendendo-se, em vez disso, o enraizamento em valores da comunidade.

4. Razão e critérios

No Livro V da *Ética nicomaqueia*, Aristóteles trata da Justiça ressaltando os seus aspectos formais, consubstanciados na proporcionalidade; com isso, situa a igualdade no cerne da Justiça. Isso demonstra uma crença inabalável no equilíbrio proporcional como um princípio de racionalização dos conflitos. Considera a Justiça uma encarnação da razão, que tem seu significado vinculado à ideia do estabelecimento de relações, da ligação de aspectos entre si, do pensamento e do cálculo. Tem a razão como núcleo essencial da natureza humana, constituída como um valor em si. Com essa leitura, Aristóteles influenciou de tal modo o Ocidente que a racionalidade, como valor positivo, passou a conjugar-se com o valor positivo da Justiça. Se a razão preside a elaboração de juízos corretos, pode-se afirmar a existência de uma racionalidade desdobrada nos aspectos formal e material por trás da correta distribuição de bens.

O princípio da igualdade constitui uma derivação da ideia da razão aplicada ao aspecto formal da distribuição dos bens. Aqui não importa o quinhão devido a cada um, mas tão somente o recebimento proporcionalmente equânime, no final, das partes devidas. A igualdade converte-se, assim, em princípio racional de justiça formal.

Por outro lado, existem diversos princípios derivados da razão aplicada ao aspecto material da distribuição dos bens. Esses princípios determinam critérios para identificar o que deve ser repartido proporcionalmente e a quem. Eles são variados e dependem da concepção política de cada sociedade, podendo apresentar-se como a ideia de atender a cada um segundo suas necessidades, de papel social, de contribuição para o bem comum, de mérito, de segurança nacional e outros.

O jurista brasileiro Tércio Sampaio Ferraz Júnior, no livro *Estudos de filosofia do direito* (São Paulo: Atlas, 2002), apresenta dois tipos de organização do universo jurídico conforme os princípios da Justiça: o sistema formal e o sistema material. O primeiro abarca um conjunto de normas relacionadas entre si conforme graus de generalidade e é entendido como extensão normativa, considerando-se geral a norma capaz de dirigir-se ao maior número possível de sujeitos. Assim, para um sistema ser considerado formal, o maior grau de generalidade cabível deve ser alcançado de acordo com o princípio da igualdade, independentemente dos conteúdos das suas normas. É por isso que se vê como justa a igualdade de todos perante a lei positiva, sendo esse o aspecto mais forte e objetivo da Justiça. Por sua vez, o sistema material congrega um conjunto de normas relacionadas entre si conforme graus de universalidade. Significa intenção normativa, sendo universal a norma capaz de abarcar a maior amplitude de conteúdos. O sistema é justo se consegue determinar conteúdos de acordo com um princípio de justiça material, justiça essa que considera os critérios materiais de justiça – interesse da classe proletária, vontade de Deus, vontade da maioria, mérito, dignidade humana – e representa um código fraco, gerador de ambiguidade e vagueza para suas prescrições. Nesse sentido, pode ser considerado justo um sistema baseado em um rol de direitos fundamentais.

A combinação dos sistemas de justiça formal e material constitui códigos para a correta orientação de decisões sobre conflitos de distribuição de bens, argumenta. São códigos referentes às normas que são mensagens prescritivas e atuam concomitantemente. A norma admite também outros códigos, e tal codificação envolve, portanto, a problemática relação entre Direito e Justiça, pois entre todos os códigos ela confere ao conjunto das ações humanas um sentido persistente e dominante, hábil a resistir ora às mudanças, ora às necessidades pontuais de conveniência. Assim, ela não é um código comum que se interpõe entre a mensagem prescritiva e seus emissores e receptores.

Segundo Tércio Sampaio, Justiça é a razão da existência do Direito, pois ou este é justo ou não há sentido algum em obedecer-lhe. Logo, Justiça é um código de ordem superior, cujo desrespeito produz resistência e cuja ausência conduz à desorientação, ou seja, seu papel é racionalizar as regras de convivência. Embora atuem de forma concomitante, os códigos da justiça material e formal não produzem impactos da mesma maneira. Na racionalização dos conflitos, os critérios formais de justiça representam um código forte, ao passo que os critérios materiais não apresentam o mesmo impacto. As ideias do *suum cuique tri-*

buere (dar a cada um o que é seu), da proporcionalidade e do tratar igualmente os iguais e desigualmente os desiguais constituem articulações em torno das quais há um amplo consenso e que, ademais, oferecem um sentido unívoco e preciso de orientação para as suas prescrições.

Por outro lado, os critérios materiais de Justiça – interesse da classe proletária, vontade de Deus, vontade da maioria, mérito, dignidade humana – representam um código fraco, gerador de ambiguidade e vagueza para suas prescrições. A força e a fraqueza dos códigos, trabalhadas por Tércio, dizem respeito à semântica, sendo, portanto, fortes os possuidores de um significado preciso e fracos aqueles cujo significado é ambíguo ou vago. As duas formas de violar um código são a negação ou a desconfirmação. Desconfirmação significa agir com indiferença, ou seja, nem de forma oposta nem divergente; simplesmente de outra forma. Em relação aos códigos fortes, estes só podem ser negados, enquanto os fracos podem ser tanto negados quanto desconfirmados.

Com respeito à ambiguidade dos códigos fracos da justiça material, a diversidade de seus princípios e da hierarquia entre eles depende da prevalência, em determinada organização social, do código fraco ou do código forte. Assim, em sociedades extremamente individualistas e competitivas, a tendência consiste na prevalência do código forte. Nas sociedades de índole comunitária ou mais tendentes ao socialismo, os códigos fracos preponderam. Desse modo, a variabilidade dos princípios materiais não repousa apenas nas dificuldades semânticas postas por sua vagueza e ambiguidade, mas também nos sentidos reais e no valor assumido pelo código em determinada sociedade, ou seja, no seu uso pragmático. Sendo assim, o impacto do código fraco nas mensagens prescritivas (normas) será maior ou menor, dependendo da sua prevalência ou não na respectiva comunidade.

O pluralismo de ideias, de concepções morais e de projetos de vida, característica marcante das sociedades contemporâneas, consiste em um grande desafio à identificação dos critérios materiais de Justiça. Dada a inevitável emergência da diversidade e da heterogeneidade ao redor do mundo, os tempos pós-modernos romperam com o modelo da Modernidade, no qual se concebia a sociedade ideal como o espaço da unidade, da harmonia e da homogeneidade. Embora seja possível recorrer a Aristóteles para encontrar o conceito formal do justo, os critérios segundo os quais algo atende às exigências de Justiça variaram profundamente desde a sua elaboração. Assim, as questões sobre o problema da Justiça consistem em saber quais critérios, hoje, servem para delimitar dada situação, ou mesmo definir uma sociedade como justa, ou em como responder às demandas por Justiça em sociedades plurais, nas quais visões opostas e incompatíveis sobre valores disputam a adesão moral, social e política dos seus membros. Por isso, a necessidade de reintroduzir discussões éticas no Direito é uma exigência inadiável.

5. Conclusão

A reflexão sobre o que é o justo, para além do que simplesmente dizem a lei, os costumes e os interesses individuais, é o que nos guiou neste livro. Expusemos ideias e teorias desenvolvidas desde a Antiguidade, dando especial atenção àqueles aspectos que destacam o caráter filosófico da relação entre Justiça e Direito. Quer dizer, refletimos sobre o porquê da natureza dogmática ou afirmativa que o Direito e a Justiça têm.

Muito frequentemente, o *fazer justiça* associa-se com a aplicação do Direito, ou seja, com a prática de uma normatividade, para restabelecer uma ordem perdida ou instaurar uma ordem desejada. Esse modo de compreender o Direito e a Justiça aparece já em textos da Antiguidade, mas com sentido bastante diferente do que se observou no decorrer da História ocidental. Chegou mesmo a traçar práticas fundamentalistas, como as que se veem ainda hoje nas defesas irracionais dos partidários da pena de morte e dos linchamentos para criminosos e que são expressas em alguns programas sensacionalistas de rádio e televisão. Por trás desse fundamentalismo, a Justiça é confundida com uma simples aplicação do Direito. Mas os pensadores que se dedicaram a refletir sobre a relação entre Justiça e Direito não cediam, felizmente, a uma identificação tão rápida entre ambos. Quando o fizeram, buscaram dar razões para sua maneira de entender.

É sobre esse trabalho de reflexão com base em argumentos que o presente livro se debruça. Os autores e temas que destacamos buscam resgatar o mais profundo aspecto humano da Justiça e do Direito por meio da argumentação racional; por uma razão que se caracteriza pela ponderação, pelo convencimento, pela busca da virtude e do equilíbrio; uma razão que tenta compreender o todo e a parte antes de julgá-los; que dialoga, enfim, e tenta preservar o melhor para os envolvidos.

A *Antígona*, de Sófocles, representa a angústia de quem pensa sobre o que é justo. Aristóteles, por sua vez, leva até o fim a preocupação com os diferentes tipos de Justiça, a virtude, a política, lançando as bases para a ideia de Justiça como o "dar a cada um o que lhe é próprio". Cícero, nesse contexto, lembra que "uma Justiça excessiva é a máxima injustiça", e Tomás de Aquino insiste no fundamento racional e social da Justiça. O mundo moderno, a seu tempo, traz novos desafios, especialmente com a laicidade e a nova ordem política global, desafios esses que exigirão novas soluções para os problemas da definição do justo, muitas vezes acertadas, outras vezes equivocadas, mas sempre com o fim de chegar a soluções superadoras de conflitos. Em nenhum momento da História se abriu mão da ideia de uma Justiça possível ou de uma solução "mais justa que as outras". Podemos abdicar da tentativa de encontrar o fundamento da Justiça (Deus, a vida depois da morte, a Natureza, os regimes políticos etc.), mas sempre teremos no horizonte um sentimento que identifica o justo e o injusto, o certo e o errado, levando-nos muito além da associação do justo e do injusto com aquilo que é simplesmente permitido e proibido pela lei.

Esse sentimento da distinção entre o certo e o errado refere-se tanto aos indivíduos como às relações entre indivíduos, como ainda às atividades das comunidades mais amplas, locais, nacional ou internacionalmente. As reflexões que registramos neste livro contribuem para entendermos a origem e a natureza desse sentimento, ou, pelo menos, sobre o modo como as ações desencadeadas pelo sentimento do justo foi compreendido por autores estratégicos no Ocidente.

Não é demais lembrar que o sentimento de Justiça é sempre sociopolítico, pois se relaciona diretamente com a maneira de as pessoas se tratarem mutuamente e de se organizarem, dando forma às estruturas de poder que as representam e interferem nas soluções de conflitos. Para equacionar os conflitos, dando vazão ao sentimento de Justiça, recorremos à razão e aos costumes, formando o Direito. Um modo de entender o que liga Justiça e Direito é investigá-los filosoficamente. É essa tentativa que prevalece neste livro e se reafirma aqui como um convite ao leitor, para que continue esse trabalho de reflexão.

OUVINDO OS TEXTOS

Texto 1. Aristóteles (384 a.C.-322 a.C.), *O que é a Justiça?*

[Como sabemos que] o homem sem lei é injusto e o respeitador da lei é justo, evidentemente todos os atos legítimos são, em certo sentido, atos justos; porque os atos prescritos pela arte do legislador são legítimos, e cada um deles, dizemos nós, é justo. Ora, nas disposições que tomam sobre todos os assuntos, as leis têm em mira a vantagem comum, quer de todos, quer dos melhores ou daqueles que detêm o poder ou algo desse gênero; de modo que, em certo sentido, chamamos justos aqueles atos que tendem a produzir e a preservar, para a sociedade política, a felicidade e os elementos que a compõem. E a lei nos ordena praticar tanto os atos de um homem bravo (por exemplo, não desertar de nosso posto, nem fugir, nem abandonar nossas armas) quanto os de um homem temperante (por exemplo, não cometer adultério nem entregar-se à luxúria) e os de um homem calmo (por exemplo, não bater em ninguém, nem caluniar); e do mesmo modo com respeito às outras virtudes e formas de maldade, prescrevendo certos atos e condenando outros; e a lei bem elaborada faz essas coisas retamente, enquanto as leis concebidas às pressas as fazem menos bem. Essa forma de justiça é, portanto, uma virtude completa, porém não em absoluto e sim em relação ao nosso próximo. Por isso, a justiça é muitas vezes considerada a maior das virtudes [...]. E ela é a virtude completa no pleno sentido do termo, por ser o exercício atual da virtude completa. É completa porque aquele que a possui pode exercer sua virtude não só sobre si mesmo, mas também sobre o seu próximo, já que muitos homens são capazes de exercer virtude em seus assuntos privados, porém não em suas relações com os outros. [...]. Por essa mesma razão se diz que somente a justiça, entre todas as virtudes, é "o bem de um outro", visto que se relaciona com o nosso próximo, fazendo o que é vantajoso a um outro, seja um governante, seja um associado.

ARISTÓTELES. *Ética a Nicômaco* V, 1129b-1130a. Trad. Leonel Vallandro e Gerd Bornheim. São Paulo: Abril Cultural, 1987, p. 82. (Coleção "Os Pensadores")

Texto 2. Aristóteles (384 a.C.-322 a.C.), *O que é a injustiça?*

Dos atos voluntários, praticamos alguns por escolha e outros não; por escolha, os que praticamos após deliberar, e por não escolha os que praticamos sem deliberação prévia. Há, por conseguinte, três espécies de dano nas transações entre um homem e outro. Os que são infligidos por ignorância são *enganos* quando a pessoa atingida pelo ato, o próprio ato, o instrumento ou o fim a ser alcançado são diferentes do que o agente supõe: ou o agente pensou que não ia atingir ninguém, ou que não ia atingir com determinado objeto, ou a determinada pessoa, ou com o resultado que lhe parecia provável (por exemplo, se atirou algo não com o propósito de ferir, mas de incitar, ou se a pessoa atingida ou o objeto atirado não eram os que ele supunha). Ora, (1) quando o dano ocorre contrariando o que era razoavelmente de esperar, é um *infortúnio*. (2) Quando não é contrário a uma expectativa razoável, mas tampouco implica vício, é um *engano* (pois o agente comete um engano quando a falta procede dele, mas é vítima de um acidente quando a causa lhe é exterior). (3) Quando age com o conhecimento do que faz, mas sem deliberação prévia, é um *ato de injustiça*: por exemplo, os que se originam da cólera ou de outras paixões necessárias ou naturais ao homem. Com efeito, quando os homens praticam atos nocivos e errôneos desta espécie, agem injustamente e seus atos são atos de injustiça, mas isso não quer dizer que os agentes sejam injustos ou malvados, pois que o dano não se deve ao vício. Mas (4) quando um homem age por escolha, é ele um *homem injusto* e vicioso. [...] Se um homem prejudica a outro por escolha, age injustamente; e são estes os atos de injustiça que caracterizam os seus perpetradores como homens injustos, contanto que o ato viole a proporção ou a igualdade. Do mesmo modo, um homem é *justo* quando age justamente por escolha; mas *age justamente* se sua ação é apenas voluntária.

> ARISTÓTELES. *Ética a Nicômaco* V, 1135b-1136a. Trad. Leonel Vallandro e Gerd Bornheim. São Paulo: Abril Cultural, 1987, p. 93. (Coleção "Os Pensadores")

Texto 3. Marco Túlio Cícero (106 a.C.-43 a.C.), *A virtude da justiça*

De fato, todos os homens bons amam a equidade em si e a Justiça em si, e não é natural que um homem bom cometa o engano de amar aquilo que não merece o amor apenas por si mesmo. Por conseguinte, a Justiça deve ser procurada e cultivada por si mesma; e se isso é verdade para a Justiça, também é verdade para a equidade; e se esse é o caso com a equidade, então todas as outras virtudes também devem ser apreciadas por si mesmas. E quanto à generosidade? É desinteressada ou procura uma recompensa? Se um homem é amável sem nenhuma recompensa, então ela é desinteressada; mas, se ele recebe pagamento, então é alugada. É indubitável que aquele que é chamado de generoso ou amável responde ao chamado do dever, não do ganho. Portanto, a equidade também não tem necessidade de recompensa ou prêmio; em consequência disso, ela é procurada por si mesma. E o mesmo motivo e propósito caracterizam todas as virtudes. Além disso, se fosse verdade que se busca a virtude com vista a outros benefícios e não por si mesma, haveria apenas uma virtude que seria mais propriamente chamada de vício. Pois, na medida em que alguém torna sua própria vantagem o único padrão absoluto de todas as suas ações, ele não é um homem bom; portanto, aqueles que avaliam a virtude pela recompensa que proporciona não acreditam na existência de nenhuma virtude a não ser o vício. Porque onde encontramos um homem amável se ninguém faz uma amabilidade no interesse de nenhuma outra pessoa a não ser de si mesmo? Quem pode ser considerado grato, se até mesmo aqueles que pagam favores não têm nenhuma consideração por aqueles para quem os pagam? O que será essa coisa sagrada, a amizade, se até mesmo o próprio amigo não é amado por si mesmo, "de todo o coração", como as pessoas dizem? De acordo com essa teoria, um amigo deveria até ser abandonado e posto de lado tão logo não haja mais esperança de benefício e lucro com sua amizade! Porém, o que poderia ser mais desumano do que isso? Por outro lado, se a amizade deve ser procurada por si mesma, se não for esse o caso, então não existe isso que se chama Justiça, porque o próprio auge da injustiça é procurar pagamento pela Justiça.

CÍCERO. *Tratado das leis.* Trad. Marino Kury. Caxias do Sul: Educs, 2004, p. 83.

Texto 4. Tomás de Aquino (1225-1275), *Por que os humanos criam leis?*

O homem tem uma aptidão natural para a virtude; mas a perfeição da virtude deve ser adquirida pelo homem por meio de alguma espécie de educação. Desse modo, observamos que o homem é ajudado pela indústria em suas necessidades, por exemplo, em alimento e roupa. Algumas bases disso ele tem por natureza, a saber, sua razão e suas mãos; mas não possui o complemento pleno como possuem outros animais, aos quais a natureza deu suficiência em roupa e alimento. Ora, é difícil ver como o homem poderia bastar-se na questão de sua educação; porque a perfeição da virtude consiste sobretudo em afastar o homem de prazeres impróprios, para os quais todos os homens se inclinam, em especial os jovens, que são mais capazes de serem educados. Por conseguinte, um homem precisa receber essa educação de outro para atingir a perfeição da virtude. E no que tange àquelas pessoas jovens inclinadas aos atos de virtude, por sua própria disposição natural, ou por costume, ou por dádiva de Deus, basta a educação paterna que é dada por admoestações. Mas como se descobriu que alguns eram depravados e predispostos ao vício, e pouco suscetíveis às palavras, era necessário que fossem afastados do mal pela força e pelo medo, a fim de que, pelo menos, pudessem desistir do mau procedimento, e deixar os outros em paz, e para que eles mesmos, sendo habituados dessa maneira, pudessem ser levados a fazer de bom grado aquilo que até então faziam por medo, e desse modo se tornassem virtuosos. Ora, esse tipo de educação que compele por meio do medo de punição é a disciplina das leis. Logo, a fim de que o homem pudesse ter paz e virtude, era necessário que leis fossem concebidas.

TOMÁS DE AQUINO. *Suma teológica* I-II, Questão 95, Artigo 1. Vários tradutores. São Paulo: Loyola, 2002, p. 573.

Texto 5. Hugo Grócio (1583-1645), *Restrições ao direito de matar*

Mesmo quando a justiça não exige que poupemos a vida dos homens na guerra, com frequência isso é apropriado à bondade, à moderação, à magnanimidade. [...] Por conseguinte, um inimigo que considera não o que as leis humanas permitem, mas sim o que é seu dever, o que é justo e pio, poupará sangue hostil; e jamais infligirá morte, exceto para evitar mortes ou males como a morte, ou para punir crimes que são capitais em merecimento. E mesmo àqueles que o mereceram, ele perdoará tudo, ou pelo menos a punição capital, seja por humanidade ou por alguma outra causa plausível. [...] Se a justiça não exige, pelo menos a misericórdia pede que não empreendamos, salvo por importantes causas que zelem pela segurança de muitos, coisa alguma que possa envolver, na destruição, pessoas inocentes.

> HUGO GRÓCIO. *O direito da guerra e da paz.*
> Livro III, capítulo XI. Trad. Ciro Mioranza.
> Ijuí: Unijuí, 2004, p. 1272.

Texto 6. Thomas Hobbes (1588-1679), *A guerra de todos contra todos*

Encontramos na natureza do homem três causas principais da discórdia. Primeiro, a competição; segundo, a desconfiança; e terceiro, a glória. A primeira leva os homens a atacarem por lucro; a segunda, por segurança; a terceira, por reputação. [...] Com isso é evidente que, durante o tempo em que os homens vivem sem um poder comum capaz de inspirar respeito a todos, eles estão naquela condição que se chama guerra; e uma guerra que é de todos os homens contra todos. [...] Os desejos e outras paixões do homem não são pecados em si mesmos. Tampouco o são as ações que derivam dessas paixões, até que se conheça uma lei que as proíba, o que é impossível até que leis sejam feitas; e nenhuma lei pode ser feita até haver acordo quanto à pessoa que deverá fazê-la. [...] Dessa guerra de todo homem contra todo homem também isto é consequência: que nada pode ser injusto. As noções de certo e errado, de justiça e injustiça não têm lugar por aí. Onde não há poder comum, não há lei; onde não há lei, não há injustiça. A força e a fraude são as duas virtudes cardeais na guerra. A justiça e a injustiça não são faculdades do corpo nem do espírito. [...] Outra consequência da mesma condição é que não há propriedade, nem domínio, nem distinção entre o *meu* e o *teu*; mas será de cada homem apenas o que ele puder pegar e durante o tempo em que conseguir conservá-lo.

HOBBES, T. *Leviatã*. Capítulo XIII. Trad. João Paulo Monteiro e Maria Beatriz Nizza da Silva. São Paulo: Abril Cultural, 1979, p. 75. (Coleção "Os Pensadores")

Texto 7. Francisco de Vitória (1483-1643), *Casos de direito natural*

Dissertarei agora sobre os títulos legítimos e idôneos pelos quais os bárbaros puderam ser postos sob o poder dos espanhóis. Em primeiro lugar, pelo "direito das gentes", que é direito natural ou deriva de direito natural, segundo o texto das *Instituições*: "o que a razão natural estabeleceu entre todas as gentes chama-se direito das gentes". Mas em todas as nações considera-se inumano o tratar e receber mal os hóspedes e peregrinos sem motivo algum; pelo contrário, é humanitário e cortês comportar-se bem com eles, a não ser que os estrangeiros signifiquem dano à nação. Segundo. No princípio do mundo (como todas as coisas eram comuns), era lícito a qualquer um dirigir-se às regiões que quisesse e percorrê-las. E não se vê que isso tenha sido abolido pela divisão das terras; pois nunca foi a intenção das gentes evitar a mútua comunicação dos homens por essa repartição; nos tempos de Noé seria certamente inumano. Terceiro. Todas as coisas que não são proibidas ou que não causam prejuízo nem injúria aos outros são lícitas. Mas, como supomos, a peregrinação dos espanhóis não injuria nem produz dano algum aos bárbaros; logo, é lícita. Quarto. Não seria lícito aos franceses proibir os espanhóis de percorrer a França ou estabelecer-se nela, e vice-versa, se não redundasse em seu dano ou se lhes fizesse alguma injúria; logo, isso se aplica também aos bárbaros. Quinto. O desterro se conta entre as penas capitais: logo, é ilícito desterrar os hóspedes sem culpa alguma. Sexto. Compete ao direito de guerra negar a estadia na cidade ou nas províncias aos que se considerem como inimigos e expulsar dela aos que já se encontram aí estabelecidos. E como os bárbaros não estão em guerra justa com os espanhóis, supondo que esses não lhes façam dano, não lhes é lícito negar que os espanhóis residam na sua pátria.

FRANCISCO DE VITÓRIA. *Reinterpretações do Estado, dos índios e do direito de guerra.* Trecho traduzido por Alfredo Culleton, com base na edição espanhola: *Relecciones del Estado, de los indios, y del derecho de la guerra.* Trad. Antonio Gómez Robledo. Cidade do México: Porrúa, 1974, p. 60.

Texto 8. Montesquieu (1689-1755), *Leis produzidas pelos humanos e leis que antecedem aos humanos*

> Os seres particulares inteligentes podem ter leis que eles próprios fizeram, mas possuem também algumas que jamais fizeram. Antes de existirem seres inteligentes, eles eram possíveis; por isso, tinham relações possíveis e, como consequência, leis possíveis. Antes de as leis serem feitas, havia relações de justiça possíveis. Dizer que não existe nada justo ou injusto, a não ser o que é ordenado ou proibido pelas leis positivas, é o mesmo que dizer que antes da descrição de um círculo nem todos os raios eram iguais.
>
> MONTESQUIEU. *O espírito das leis*. Livro I, capítulo 1. Trad. Cristina Murachco. São Paulo: Martins Fontes, 2000, p. 12.

Texto 9. Jean-Jacques Rousseau (1712-1778), *A justiça emana da razão*

> O que está bem e em conformidade com a ordem é assim pela natureza das coisas e independentemente das convenções humanas. Toda justiça vem de Deus, que é única fonte; porém, se soubéssemos como receber ins-

piração tão alta, não precisaríamos de governo, nem de leis. Sem dúvida, existe uma justiça universal que emana só da razão; mas essa justiça, para ser admitida entre nós, deve ser mútua. Falando em termos humanos, na falta de sanções naturais, as leis da justiça não são ineficazes entre os homens; elas simplesmente favorecem o bem de quem é mau e a ruína do justo quando o homem justo as observa em relação a todos e ninguém as observa em relação a ele. As convenções e leis são, portanto, necessárias para unir direitos a deveres e remeter a justiça a seu objetivo. No estado de natureza, onde tudo é comum, nada devo àquele a quem nada prometi; só reconheço como pertencendo a outros aquilo que não me serve. No estado de sociedade, todos os direitos são fixados por lei, e o caso é outro.

ROUSSEAU, J.-J. *O Contrato Social e outros escritos*. Trad. Rolando Roque da Silva. São Paulo: Cultrix, 1988, p. 47.

Texto 10. Eugen Ehrlich (1862-1922), *A justiça como instrumento de ordenação social*

Toda lei que se baseia na justiça nada mais é que uma expressão dos fatos jurídicos existentes, uma expressão da estática social. Existe uma outra justiça em contraste com ela e distinta dessa justiça, que é uma expressão da dinâmica social. Nesta predomina a ideia não apenas de que a proposição legal é capaz de preservar o *status quo*, mas que é um meio pelo qual a sociedade pode ordenar as relações dentro dos vários grupos em seu interesse. As poderosas forças propulsoras dessa dinâmica são o individualismo e o coletivismo. [...] O ideal de justiça do individualismo é o indivíduo que tem um poder livre e desimpedido de dispor da sua propriedade, que não reconhece nenhum superior a não ser o Estado, e não está obrigado por coisa alguma a não ser aos contratos que celebrou de livre e espontânea vontade. No século XIX, o coletivismo apareceu como uma reação ao individualismo. De como ele encontrou expressão no socialismo ou no comunismo não tem lugar nesta discussão, posto que nessa forma não teve qualquer influência sobre o desenvolvimento do direito até o dia de hoje.

EHRLICH, E. *Fundamentos da sociologia do direito*. Capítulo X. Trad. René Ernani. Brasília: UnB, 1986, p. 184.

Texto 11. Roscoe Pound (1870-1964), *A ordem legal como regime*

Penso no Direito como, num certo sentido, uma forma muitíssimo especializada de controle social numa sociedade organizada, politicamente desenvolvida – um controle social por meio da aplicação sistemática e regular da força dessa sociedade. Nesse sentido é um regime – o regime que chamaremos de ordem legal. Mas esse regime opera de forma sistemática e regular por causa de um conjunto de elementos autorizados ou guias para autorização judicial que podem servir como regras de decisão, como regras ou guias de conduta, e como base de predição da ação oficial, ou podem ser considerados pelo homem mau, cuja atitude é sugerida pelo juiz Holmes como um teste, como ameaças da ação oficial que ele deve tomar em consideração antes de agir ou se abster de agir. Além disso, opera através de um processo judicial e de um processo administrativo que também são conhecidos pelo nome de Direito – um desenvolvimento e aplicação dos elementos autorizados ou guias para decisão judicial, empregando uma técnica recebida e assim autorizada à luz de ideais recebidos e assim autorizados.

POUND, R. *Uma introdução à filosofia do direito*. Trad. Álvaro Cabral. Rio de Janeiro: Zahar, 1965, p. 81.

EXERCITANDO A REFLEXÃO

1. Algumas questões para auxiliá-lo a compreender melhor o tema da Justiça e o Direito:

    1.1. Resuma o núcleo do conflito vivido pela personagem Antígona na tragédia de mesmo nome escrita por Sófocles.

    1.2. Quais concepções de Justiça aparecem no conflito de *Antígona*?

    1.3. Que sentido mais amplo e clássico de Justiça se encontra em Aristóteles?

    1.4. O que é virtude para Aristóteles? Por que a Justiça pode ser considerada uma virtude, segundo Aristóteles?

    1.5. Qual a relação entre Justiça e Política?

    1.6. Qual a relação entre Justiça e Direito?

    1.7. Quais as principais características do contratualismo liberal?

1.8. Como você justificaria a formulação de Nozick, segundo a qual a Justiça deve estar comprometida tão somente com o incremento do exercício da liberdade individual?

1.9. Que tese norteia o pensamento dos comunitaristas?

2. Praticando a análise de textos:

2.1. No texto 1, Aristóteles parece identificar dois sentidos para o termo "justo". Quais são eles?

2.2. Identifique no texto 2 quantas variáveis existem para que um ato seja considerado injusto e qual a condição para que um ato seja considerado justo.

2.3. Explique, seguindo o texto 3, o que Cícero defende quando compara a virtude da Justiça com a amizade.

2.4. Conforme o texto 4, qual é a função mais importante da lei?

2.5. É possível falar de função pedagógica da lei no texto 4? Justifique.

2.6. Segundo o texto 5, a misericórdia colocaria o que é normalmente considerado justo dentro de determinados limites. Que casos Hugo Grócio evita com relação ao uso irrestrito da lei?

2.7. Compare os textos 4 e 6. Eles entendem a natureza humana do mesmo modo?

2.8. Encontre no texto 7 as razões pelas quais Francisco de Vitória considera ilícitos alguns atos. Reflita: esses atos são ilícitos porque não são conformes à lei ou porque não seriam razoáveis?

2.9. No texto 8, Montesquieu defende que a Justiça depende da lei ou é anterior à lei?

2.10. De acordo com o texto 9, qual é a condição para que exista uma Justiça universal?

2.11. Tendo por base o texto 10, mostre qual a ideia de Justiça na concepção do individualismo.

2.12. Qual a função do Direito de acordo com o texto 11?

3. Alguns exercícios para auxiliá-lo a ampliar sua compreensão do que foi apresentado neste livro:

3.1. Pesquise a maneira como a Justiça e o Direito são representados na arte, nas esculturas e na arquitetura. Descreva algum fórum que você conheça e algumas esculturas que por certo existem na sua cidade para representar a Justiça.

3.2. Pesquise quais são e como funcionam as instituições brasileiras dedicadas à promoção e defesa da Justiça e do Direito.

3.3. Costuma-se dizer que a Justiça só existe para os fortes e que as instituições de defesa dos direitos humanos defendem bandidos. O que há de verdade e de mentira por trás dessas afirmações?

3.4. A quem cabe promover a Justiça e garantir os direitos dos cidadãos?

3.5. É racional apoiar os "justiceiros", ou seja, aqueles que querem fazer justiça com as próprias mãos?

3.6. A pergunta de Antígona – *em que medida somos obrigados a obedecer a uma lei que viole a nossa consciência?* – faz sentido nos dias atuais ou pertence a um passado moralista?

3.7. O que é considerado legalmente justo coincide sempre com o bem público?

3.8. Com qual das três teorias contemporâneas de Justiça e Direito você se identifica mais? Justifique.

3.9. Muitas vezes o cidadão justo observa as leis em relação a todos os outros, mas ninguém as observa em relação a ele. Escreva uma dissertação sobre esse fato e convide colegas a fazer o mesmo. Na sequência, troquem seus textos para leituras e comentários.

DICAS DE VIAGEM

1. Sugerimos que você assista aos seguintes filmes, tendo em mente o que foi apresentado neste livro.

1.1. *O mercador de Veneza* (*The Merchant of Venice*), direção de Michael Radford, EUA, 2004.

Baseado na obra homônima de Shakespeare, permite várias frentes de reflexão que vão desde o antissemitismo até os limites de uma decisão judicial.

1.2. *A história oficial* (*La historia oficial*), direção de Luis Puenzo, Argentina, 1985.

O filme conta a história de uma professora da classe média argentina que descobre que a criança por ela adotada pode ser filha de presos políticos da ditadura militar (1976-1983).

1.3. *O processo* (*Le procès*), direção de Orson Welles, França/Alemanha, 1962.

Baseado no livro de Franz Kafka, o filme é um marco na conexão entre Direito, literatura e cinema.

1.4. *A vila* (*The Village*), direção de M. Night Shyamalan, EUA, 2004.

Temática atual, pois mostra o papel do medo como elemento de controle social. Importante para pensar o mundo após os atentados de 11 de setembro, bem como o discurso hegemônico da insegurança pública como justificativa para a desumanização do direito penal.

1.5. *Terra fria* (*North Country*), direção de Niki Caro, EUA, 2005.

Baseado em livro de Clara Bingham e Laura Leedy, o filme discute o machismo, o assédio sexual e a violência contra a mulher, temas ainda muito recorrentes em nossa sociedade.

1.6. *Laranja mecânica* (*A Clockwork Orange*), direção de Stanley Kubrick, EUA, 1971.

Clássico de Stanley Kubrick, permite analisar questões importantes sobre criminologia e direito penal.

2. Na literatura, seja em prosa, seja em poesia, muitas obras foram dedicadas ao tema da Justiça e do Direito. Sugerimos especialmente a leitura de:
- **2.1.** *O processo* (Kafka)
- **2.2.** *Crime e castigo* (Fiodor Dostoiévski)
- **2.3.** *Balada do Cárcere de Reading* (Oscar Wilde)
- **2.4.** *O último dia de um condenado à morte* (Victor Hugo)
- **2.5.** *Rei Lear* (William Shakespeare)
- **2.6.** *O barão nas árvores* (Italo Calvino)
- **2.7.** *O alienista* (Machado de Assis)
- **2.8.** *Prometeu acorrentado* (Ésquilo)
- **2.9.** *O mercador de Veneza* (William Shakespeare)
- **2.10.** *Antígona* (Sófocles)

3. Ouça a música *Sunday, Bloody Sunday*. Você encontra a letra e o vídeo da canção em http://letras.mus.br/u2/385206. Após ouvi-la com atenção, componha um pequeno texto sobre o modo como, neste momento, depois de ler este livro, você vê o tema das relações entre Justiça e Direito.

LEITURAS RECOMENDADAS

1. Obras centrais na construção do itinerário reflexivo proposto neste livro:

ARISTÓTELES. *Ética a Nicômaco*. Trad. Mario da Gama Kury. 4. ed. Brasília: UnB, 2001.

———. *A política*. Trad. Roberto Leal Ferreira. São Paulo: Martins Fontes, 2006.

BARRETTO, V. P. *O fetiche dos direitos humanos e outros temas*. Rio de Janeiro: Lumen Juris, 2010.

BELL, D. *Communitarianism and it's Critics*. Oxford: Clarendon Press, 1993.

FERNANDEZ, E. *Teoría de la justicia y derechos humanos*. Madri: Debate, 1997.

FERRAZ JUNIOR, T. S. *Estudos de filosofia do direito*. São Paulo: Atlas, 2002.

FINNIS, J. *Lei natural e direitos naturais*. Trad. Leila Mendes. São Leopoldo: Unisinos, 2007.

HÖFFE, O. *Justiça política*. São Paulo: Martins Fontes, 2001.

KYMLICKA, W. *Liberalism, Community and Culture*. Oxford: Clarendon Press, 1989.

MACINTYRE, A. *Depois da virtude: um estudo em teoria moral*. Trad. J. Simões. Bauru: Edusc, 2001.

NOZICK, R. *Anarquia, Estado e utopia*. Trad. Ruy Jungmann. Rio de Janeiro: Jorge Zahar, 1991.

RAWLS, J. *Uma teoria da justiça*. Trad. Almiro Piseta e Lenita M. R. Esteves. São Paulo: Martins Fontes, 2000.

SANDEL, M. *Liberalism and the Limits of Justice*. Cambridge: Cambridge University Press, 1998.

TAYLOR, C. *As fontes do self: a construção da identidade moderna*. Trad. Adail Ubirajara Sobra e Dinah de Abreu Azevedo. São Paulo: Loyola, 2013.

WALZER, M. *Las esferas de la justicia: una defensa del pluralismo y la igualdad*. Cidade do México: Fondo de Cultura Económica, 1993.

2. Outras obras que podem contribuir para ampliar seu estudo da Justiça e do Direito:

BARRETTO, V. P. *Dicionário de filosofia do direito*. São Leopoldo: Unisinos, 2006.
Composto de 235 artigos escritos por 170 autores, entre filósofos, juristas e cientistas sociais, o dicionário

procura responder a três questões nucleares: o que é o Direito? Qual a natureza do conhecimento sobre o Direito? Em que consiste a Justiça?

BOBBIO, N. *A era dos direitos.* Trad. Carlos Nelson Coutinho. Rio de Janeiro: Elsevier, 2004.

Nesse livro encontram-se os principais artigos do autor, escritos ao longo de muitos anos sobre o tema dos direitos do homem. O problema é estreitamente ligado aos da democracia e da paz, aos quais o autor dedicou a maior parte de seus escritos políticos.

CANTO-SPERBER, M. (org.). *Dicionário de ética e filosofia moral.* Vários tradutores. São Leopoldo: Unisinos, 2003.

O dicionário faz a ligação entre a História da Filosofia e os desenvolvimentos filosóficos mais recentes, abordando de Aristóteles a Wittgenstein, de Foucault a Lévinas, do amor à vontade, da comunidade à solidariedade, da ética médica à ética penal, das drogas à não violência, do comunitarismo ao utilitarismo. É hoje um dos melhores recursos para estudar o tema da ética.

CULLETON, A. & BRAGATO, F. F. & FAJARDO, S. P. *Curso de direitos humanos.* São Leopoldo: Unisinos, 2009.

O livro oferece um subsídio sistemático e didático para a disciplina de Direitos Humanos que facilita a abordagem com estudantes e professores. É composto de

22 aulas, distribuídas em três partes: Fundamentação Filosófica, Direito e Ciências Sociais.

NINO, C. S. *Ética e direitos humanos*. Trad. Nélio Schneider. São Leopoldo: Unisinos, 2011.

Essa obra constitui uma inteligente análise de temas de filosofia dos direitos humanos. Trata de certos princípios básicos da moralidade social que deriva de características estruturais e pressupostos da prática do discurso moral.

REALE, M. *Filosofia do direito*. 20. ed. São Paulo: Saraiva, 2008.

Texto clássico brasileiro de grande impacto nacional e internacional. A obra examina minuciosamente muitos aspectos da relação entre Justiça e Direito, como o objeto da Filosofia, a ética e a teoria da cultura, a realidade jurídica, entre outros.

IMPRESSÃO E ACABAMENTO

YANGRAF
GRÁFICA E EDITORA LTDA.
WWW.YANGRAF.COM.BR
(11) 2095-7722